原则与策略
——从波利亚『解题表』谈起

《数学中的小问题大定理》丛书（第一辑）

杨世明 编著

◎ 思维启动四原则
◎ 数学思维特征原则
◎ 思维过程的监控原则
◎ 数学思维策略
◎ 化归——数学家特有的思维方式

哈尔滨工业大学出版社

内容简介

本书是一本既有深厚的理论基础,又富有文采和启发性、可读性的关于数学思维的参考书。对中学教学和训练学生形象思维、逻辑思维等方面能力都大有益处的参考书。是对中学数学思维过程的整体审视与具体分析。

本书适合中学教师和中学生参考阅读。

图书在版编目(CIP)数据

原则与策略:从波利亚"解题表"谈起/杨世明编著. —哈尔滨:哈尔滨工业大学出版社,2013.3
ISBN 978-7-5603-4020-3

Ⅰ.①原… Ⅱ.①杨… Ⅲ.①数学-思维方法-中学-教学参考资料 Ⅳ.①G634.603

中国版本图书馆 CIP 数据核字(2013)第 029834 号

策划编辑	刘培杰 张永芹
责任编辑	张永芹 李 慧
封面设计	孙茵艾
出版发行	哈尔滨工业大学出版社
社 址	哈尔滨市南岗区复华四道街10号 邮编150006
传 真	0451-86414749
网 址	http://hitpress.hit.edu.cn
印 刷	哈尔滨市工大节能印刷厂
开 本	787mm×960mm 1/16 印张15.50 字数170千字
版 次	2013年3月第1版 2013年3月第1次印刷
书 号	ISBN 978-7-5603-4020-3
定 价	38.00元

(如因印装质量问题影响阅读,我社负责调换)

序

早在 1995 年 8 月,大象出版社(原河南教育出版社)在扬州举办了一个座谈会,邀请十余位教学水平很高的数学教师参加,商讨出版一套"中学数学思维方法丛书"。与会同仁认为,这是一个富有创见的倡议,因而得到大家热烈赞许。提供一套既有较深厚的理论基础,又富有文采和启发性、可读性的关于数学思维的参考书,对中学数学教学,无疑会是非常有益的;而更主要的是,广大的中学生们,将在形象思维、逻辑推理和严密计算等方面,学到很多的东西。这对将来无论做什么工作,都会受益无穷。

回想我们青少年时期学习数学的情景,总会有几分乐趣几分惊异。做出了几道难题是乐趣,而惊异则来自方法的进步。记得小学算鸡兔同笼,必须东拼西凑,多一只兔便比鸡多了两条腿,好不容易才能做出一题。而学过代数,这类问题便变得极为简单。做几何题也一样,必须具体问题具体解决,而学过解析几何后便有了一般的程序可循。至于算圆的面积,如果不用积分便会相当麻烦。由此可见,方法的进步对科学的发展是何等重要。以上是对学习现成的东西而言。如果要进行科研,从事创新、发现或发明，那就更应重视方法，特别是思维方法。没有新思想，没有新方法，要超过前人是很困难的。有鉴于此，一些优秀的数学家便谆谆告诫学生们，要非常重视学习方法和研究方法。美国著名数学家 G. Pólya 写过好几种关于数学思想方法的书，如《怎样解题》、《数学的发现》、《数学与猜想》，后来都成为世界名著，很受欢迎。

学习任何一门科学，都有掌握知识和培养能力两方面。一般来说，前者比较容易。因为知识已经成熟，而且大都已经过前人整理，成为循序渐进的教材。但能力则不然，那是捉摸不定、视之无形的东西，主要靠自己去思考，去探索，去总结，去刻苦锻炼。老师的培养固然重要，但只能起辅导作用。只可意会，不可言传，而有时甚至连意会都做不到。正如游泳，只靠言传是绝对学不会的。这是对受业人而说的。

至于老师，则应无保留地传授自己的经验和体会，尽量缩短学生学习的时间。中国有句古诗："鸳鸯绣出凭君看，不把金针度与人。"意思是说知识可以输出，但能力不可传授。前一句话意思很好，后一句应改为"急把金针度与人"。这套丛书，正是专门传授金针的。

一般的科学研究方法，可分为演绎与归纳两大类。在数学中，演绎极为重要，而归纳则基本上用不上，除了 C. F. Gauss 等人偶尔通过观察数列以提出一些数论中的猜想而外。不过自从计算机发明后，这种情况已大为改观。混沌学主要靠计算机而发展起来，数学模拟也主要靠计算机。再者，以往数学中极少实验，还是由于计算机的广泛使用，现在不少数学系已有了实验室，特别是统计实验室。可以期望，计算机对改变数学的面貌，对改善数学的思维方法，都会起到越来越大的作用。

  在此之前,我国已经出版了几本关于数学方法的书,它们都各有特色。如就规模之大,选题之广,论述之精而言,这套丛书也许是盛况空前、蔚为大观的。我们希望它在振兴我国的科学事业和培养数学人才中,将会起到令人鼓舞的作用。

          王梓坤

数学思维原则—策略表

是什么引起了思维？

一、思维启动原则

Ⅰ．问题性原则：你应当有一个问题．

你对此有什么看法？它是正确的吗？你想解决这个问题吗？

Ⅱ．目的性原则：你应当明确自己的目的．

你这样做的目的是什么？你是否有一个明确的目标？怎样达到这个目标？可能会有什么困难？

Ⅲ．趣味性原则：你应当对它感兴趣．

你觉得它很奇妙吗？你了解它吗？你觉得这问题有趣吗？你特别喜爱这问题吗？

Ⅳ．操作性原则：为了求得切身体验，你应当动手做．

你弄清了这个问题吗？你理解了这个概念吗？你能举出它的一些特例加以验证吗？试画一个图或做个模型加以检验．

二、数学思维特征原则

怎样『数学地』思考问题?

Ⅴ．抽象化原则：你应当透彻地分析问题，舍其质而抓其量，并加以逻辑地构造．

　　这问题从数学上看，实际上是个什么问题？它有哪些数量？这些数量间有什么关系？

Ⅵ．符号化原则：你应当引进适当的符号系统，依之把问题完整地表述出来，尽可能用符号来思考、操作，弄清这一套符号的规律．

　　问题是否关联着一个图形？试画出来；引进一组适当的符号，你能用符号把已知、未知和条件(题设和结论)完整表述吗？你引进的这一组符号合适吗？反映出什么规律？

Ⅶ．严谨化原则：每做一步，都要有根据，要把"猜想"和真命题严加区分．

　　这一步是正确的吗？若正确，你能证明吗？若不正确，你能举出反例吗？这结论的依据是什么？

三、思维过程的监控原则

怎样使思维顺畅地前进?

Ⅷ．动因原则：你应当弄清问题症结，寻求一个好念头，迈出下一步．

　　这一点意味着什么？为什么要这样做？这结果说明了什么？是什么促使你这样做？

Ⅸ．审美原则：你应当追求更简洁、完美的结果，寻求更好的解法．

　　这结果是否简单、漂亮、合用？这解法是否自然、新奇、巧妙？有无更好的解法？有无更简单的步骤？

Ⅹ．反思原则：应经常对思维过程和结果进行回顾．

　　这求解过程是否有问题？有无其他解法？有无更好的解法？这方法或结果可用在别的题目上吗？

四、常规思维策略

第一建议:你首先应当完整地学会常规思维.

五、归纳思维策略

第二建议:面对难题,你应当用合情与演绎推理相结合的方法,探索前进.

六、变换思维策略

第三建议:如果问题难以直接求解,就变换成另一个问题.

七、模块思维策略

第四建议:你应当随时注意筛选和积累典型问题研究的一般思维过程和具体处理方法,以备整体运用.

八、辩证思维策略

第五建议:你应当辩证地看待数学中的各种问题.

目录

第一部分　数学思维的基本原则 //1

第1章　是什么引起了思维 //3
——思维启动原则
1. 从一则寓言谈起 //3
2. 怎样阅读？怎样聆听？ //5
3. 两种思维 //10
4. 思维启动四原则 //13
5. 四条原则的关系 //27

第2章　怎样"数学地"思考问题？ //30
——数学思维特征原则
1. 欧拉"过桥"的故事 //30
2. 数学思维特征三原则 //39
3. 三条原则的相互关系 //58

第3章　怎样使思维顺畅地前进？ //63
——思维过程的监控原则
1. 一道算术题与一道几何题 //63
2. 思维监控三原则 //77
3. 思维过程监控诸原则的关系 //94

第二部分　数学思维策略 //97

第4章　常规思维策略 //99
1. 从波利亚的"解题表"谈起 //99
2. "急转弯"与多发病 //105
3. 全程例说 //114
4. 学会"常规"为上策 //119

1

第5章 归纳思维策略 //123
  1 "点线距公式"探索的启示 //124
  2 深入一步 //131
  3 合情推理就在你身边 //132
  4 "归纳思维策略"小注 //140

第6章 变换思维策略 //143
  1 常规"小题"寓哲理 //144
  2 化归——数学家特有的思维方式 //147
  3 变换种种 //153
  4 变换溯源 //164

第7章 模块思维策略 //166
  1 思维的简约与加速 //167
  2 积累数学思维模块 //174
  3 见微知著,联想模块 //182
  4 模块思维须知 //190

第8章 辩证思维策略 //192
  1 大事关己 //193
  2 数学的本性 //195
  3 须臾难离的无限 //200
  4 数学解题"策略"综观 //214

编辑手记 //219

第一部分

数学思维的基本原则

是什么引起了思维

——思维启动原则

大千世界,异彩纷呈.

我们置身其中,不能不关心身边的事物,甚至对极其纷繁复杂的现象,不畏琐细和艰巨,进行深入的思考,这是为什么?到底是什么引起了我们的思维?

1. 从一则寓言谈起

我国有一则脍炙人口的寓言故事,大致是说:

小聪七岁进了学堂.第一天,老师在黑板上画一道,说:"这是一";第二天,老师在黑板上画两道,说:"这是二".第三天,小聪背书包上学,边走边想:今天一定学"三".上课了,小聪瞪大眼睛听老师讲课,果然,老师在黑板上画了三道:"三",说:"这是三".小聪高兴极了.

回到家,小聪告诉父母:"我学成了",父母也非常高兴.这天,邻居求小聪

原则与策略

帮助写封信.事儿不多,小聪答应了,回到自己屋里写起来.

一小时过去了,又一小时过去了,邻居等得不耐烦.大家到小聪屋里一看,呀!吓了一跳:满世界飞舞着画了横道的纸条,小聪还在忙活着……

邻居一想,笑了:"呵,我不该叫万千一呀!"

往常,人们都把这则寓言当做一个笑话,让好耍小聪明的孩子引以为戒.我们怎么看?

事实上,故事寓意很深.比如,老师安排一道"一",二道"二",三道"三"这样有规律的教学内容,意欲引出学生的联想.这里虽然出现"四道四"的误导,毕竟还是引出了联想、猜测.

仅对汉字来说,是误导.对我国古代算筹数字,"四道四,五道五",仍然对,超过五,才改用⊥、⊥等等,后来采用位值制,更是经历了漫长的岁月.小聪识字的过程,正是人类"识数"历史的重演.

小聪猜想中的问题,说明引进数字"四、五……百、千、万……"的必要性,可是记数的进一步的需要,还要再回到用少数符号,辅以位值制、方幂等方式.

但我们关心的是另一层意思:规律性的教学内容,引导小聪去猜想,可直到满世界纸条他仍然在干,而不肯怀疑自己:这样做行吗?有无简单写法?——这,到底是为什么?

自然,我们不是在责备一个七岁的孩子.数学史上曾一再出现像小聪一样"一条道跑到黑"的事:在罗巴切夫斯基以前,人们对欧氏第五公设的研究,在证明"尺规不能三等分一个20°的角"以前,人们对"三等分任意角"问题的研究,都曾陷入"满世界飞舞纸条"的

4

第1章　是什么引起了思维

长久尴尬局面而不自知.只有人们经历了反复的挫折失败,付出沉重代价,面对难关,才会变得聪明起来,才肯于反躬自问:这样做是不是错了？会不会是相反的情况？

由此看来,老师在教学中,未向学生提出问题(过少的教学内容,也无法承载有分量的问题),是未能引起小聪"反思"的主要原因.

但是,如果一个人面对问题,他不肯去想呢？就如路上两个人打架,多数人会看"热闹",并不思考"他们为什么要打架"一样,他可以"事不关己,高高挂起".

确实有这样的情况,比如看球赛,中国队同外国队赛,总是揪着心;看两个外国队比赛,就轻松得多;又如读报纸和书信,就有着完全不同的心情.总而言之,与自己有切身关系的,就关心,就感兴趣,就动心思.

这就叫进入"问题情境":一个人面对一件事,一个问题,有好奇心,感兴趣,想去解决它,想达到一个目标,就会进入角色,这时,他会主动地想问题,找问题,提问题,跃跃欲试地动手解决问题.一旦上了"瘾",成为一种嗜好,一种习惯,就不是外界"逼"他面对问题,而是自己把自己逼上梁山.

2. 怎样阅读？怎样聆听？

小聪学字的寓言故事,可以从多种角度去分析评论.如从"思维"的角度看,老师在教学中未向学生提出问题,学生在学习中,也没有向自己提出问题,是主要的失误.

以上谈的是"如何思考",也是对"如何读书"的一次演练,是这样吗?

是的,读书、聆听、想问题,本是一回事,"尽信书,不如无书",昏昏欲睡或心不在焉地阅读、聆听,都不会有好的效果.读书也好,听讲也好,要引起思维,就要尽可能地"进入角色",选定自己的立场,即使"坐山观虎斗",也要站在某一方.

比如,读数学书,就可以站在作者的对立面上,不断地向他质问:

什么?为什么?怎样?从哪里来的?

为了提问题,就要有好奇心,敢疑善疑:

是的,这公式挺好,可它是从哪里来的?

是的,这方法正确简练,可你是怎么想出来的?

先刨根问底儿,然后,再试着站在作者立场上,循着行文中的蛛丝马迹,通过演算推证,来回答这些问题.特别对那些通过"显然","不难知道","可得","一般地"等联结词而省略的推理(或计算)过程,要逐点加以补充,决不可轻易放过.许多数学家提出不拿笔不读书,大约就是他们的经验之谈吧!

我们来看看两位中学生的体会.先看小张的:

有一次,我在复习"集合"这一部分内容时,谈到"我们规定空集是任何集合的子集"时,总有些不大明白:"为什么要这样规定?它符合定义吗?"可是课本不答,老师也不讲,"资料"一大堆,都是抄来抄去的"题海",不可能回答任何有价值的问题.我只好自己琢磨,反复读"子集"的定义,并用符号译出:

如果对任何 $x \in A$,都有 $x \in B$,就说 $A \subseteq B$.

现在,$A = \emptyset$,那么"$x \in A$"永远不会成立,这时"若

第1章 是什么引起了思维

$x \in A$ 则 $x \in B$"就必然为真吗？不太清楚. 我举个实例:"若太阳从西边出,则公鸡会下蛋",确实是真命题,因此, $\varnothing \subseteq B$ 也是符合定义的.

但通过类比,总觉得还没有真正说服自己. 这时,我想到初中学过的"逆否命题",何不一试？定义的条件是"$x \in A \Rightarrow x \in B$",它的逆否命题是

"$x \notin B \Rightarrow x \notin A$"

由于 $A = \varnothing$,"$x \notin A$"总是真的,所以"$x \notin B \Rightarrow x \notin A$"当 $A = \varnothing$ 时,总是真命题,即定义的条件"$x \in A \Rightarrow x \in B$"在 $A = \varnothing$ 时总成立,所以 $\varnothing \subseteq B$ 的规定是符合"子集"定义的,是完全合理的. 我终于说服了自己.

小张的体会是深刻的. 特别的,他应用"逆否命题"进行思考,是一种独到的方法. 而这也就是常说的"反过来想一想"的方法. 读数学书,许多小问题弄不明白(如关于"零不能做除数","$a^0 = 1 (a \neq 0)$","$0! = 1$"的规定等),成为小小拦路虎,堵住思路,都可用"小小反证法"加以驱除.

再看小王的体会:

在学习"数学归纳法"这一内容时,有一道例题:

平面上有两两相交、三三不共点的 n 条直线,证明交点个数为

$$f(n) = \frac{1}{2}n(n-1)$$

此题不难,不看书我也会证. 但是我不知道公式是怎么来的,于是我找几个同学来讨论:

一个一个地试嘛.

只有一条直线 l_1,没有交点.

l_2 与 l_1 有一个交点.

添上 l_3,在 l_1,l_2 有一个交点的基础上,增加了两个交点.

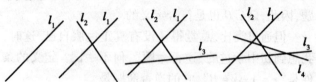

图 1

再添上 l_4,在 l_1,l_2,l_3 有三个交点的基础上,又增加了三个交点.

是不是说,添上第 n 条直线 l_n 时,就会在原来 $(n-1)$ 条直线交点的基础上,又增加 $(n-1)$ 个交点呢? 好像杨辉三角一样,我们可以猜想

$$f(n)=f(n-1)+(n-1) \qquad (*)$$

它对不对呢? 如果对的话,应有

$$f(5)=f(4)+4$$
$$=6+4=10$$

画出图(图2)数数交点,确有 10 个,可见当 $n=5$ 时,是对的,可是一般的,$(*)$式怎样证?

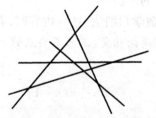

图 2

实际上:顺着图1、图2看下去,可以想到,当把 l_n 添上去时,它与 l_1,l_2,$\cdots$,l_{n-1} 中的每一条都相交,且由于"三三不共点",新旧交点不重合,故在 $f(n-1)$ 个交点的基础上,增加了 $(n-1)$ 个新交点,故 $(*)$ 成立.

第1章　是什么引起了思维

有了(∗)就好办了. 请看, 反复用它
$$\begin{aligned}f(n)&=f(n-1)+(n-1)\\&=f(n-2)+(n-2)+(n-1)\\&\quad\vdots\\&=f(2)+2+3+\cdots+(n-2)+(n-1)\\&=1+2+\cdots+(n-2)+(n-1)\end{aligned}$$

应用高斯颠倒相加法
$$\begin{aligned}f(n)&=1+2+\cdots+(n-2)+(n-1)\\+\quad f(n)&=(n-1)+(n-2)+\cdots+2+1\\\hline 2f(n)&=n(n-1)\end{aligned}$$

两边除以2, 公式就出来了.

但这样的"寻找", 已是个严格的推导, 不劳再用"数学归纳法"证明了. 更令我意外的是: 寻找"来源"的成功, 使大家兴奋不已, 兴犹未尽. 玩味公式, 觉得如把"点"、"线"对调, 说成: "平面上有三三不共线的 n 个点, 每两点确定一条直线, 则直线条数 $f(n)=\dfrac{1}{2}n(n-1)$", 仍然对, 换成 "n 个人, 每两人握一次手, 共握 $f(n)=\dfrac{1}{2}n(n-1)$ 次"还是对的. 于是有同学说: "干脆说成'集合中有 n 个元素, 每两个配成一对, 共可配成 $f(n)=\dfrac{1}{2}n(n-1)$ 对'." 后来才知道, 这就是二元组合.

这样一来, 可以给出一个简单的证法了: 集合 $\{a_1, a_2, \cdots, a_n\}$ 中每个元素 a_i 都与其余 $(n-1)$ 个配对, 共 $(n-1)$ 对, 算遍 n 个元素, 就是 $n(n-1)$ 对, 但每个 a_i 算了两次, 因而 $f(n)=\dfrac{1}{2}n(n-1)$. 这样, 系数 "$\dfrac{1}{2}$" 的含义也弄明白了.

这样的讨论,容易使人联想到数学大师华罗庚的读书法:

华罗庚自幼家境贫寒,只念到初中毕业,就无法升学了,只好自学数学. 一支笔、几本书(几何、代数、三角,再加上一本50页的《微积分》),就是他的学习条件. 于是他日夜苦读,无师自"啃",弄不明白的,就动手算,坚持一步不懂,不走下一步,苦思获得的推导过程,有创见的想法,不忍舍弃,就补在书页空白处或夹个纸条,久而久之,书变厚了;可是读完之后,反过来把各章节连贯思考,发现一大堆公式,不过是某一般公式的特例,把概念、公式、定理、法则排序联网,学习时千头万绪,综观不过那么一点东西,录入头脑"光盘",形成"认知结构",书又变薄了. 华老因祸得福,不仅为世界奉献了那么多数学珍宝,而且奉献了驰名中外的"薄—厚—薄"读书法,泄露了治学的天机.

仔细琢磨这"薄—厚—薄"读书法,其中一个带根本性的要领,就是进入角色,不断地提问题,不断地找答案,因此,也叫"提问题读书法",或"每事问读书法".

3. 两种思维

说到读书,还可举出许多名人,用的都是不断提问、论辩、评注的读书方法.

拿列宁的《哲学笔记》来说,这是研读马克思、恩格斯的《神圣家族》、费尔巴哈《宗教本质讲演录》,亚里士多德《形而上学》,特别是黑格尔《逻辑学》、《哲学

第1章 是什么引起了思维

史讲演录》等著作的摘要、评论,成为人类哲学思想的大宝库. 比如,在摘录黑格尔"存在和本质因而是它(=概念)的生成环节"这句话时,立即反驳说:"要倒过来说:概念是人脑(物质的最高形态)的最高产物."

许多知名数学家,如苏步青、陈建功等,都谈过"据点书"的问题. 所谓"据点书",就是要选一本适合自己专业的、广博而又深沉的有价值的专著,除开始用"薄—厚—薄"方法,下死功夫"啃"一遍之外,以后每过一段时间,就要回顾、重温一遍,反思原来的理解,重观自己的评论,获益良多. 陈建功先生就一再提起他以一部德文版的《圆锥曲线论》为据点书的经历.

这里,还想说一说"费马猜想"诞生的故事,这是一则耐人寻味的数学史佳话:数学史家称,有一次,费马阅读丢番图的著作《算术》,当他读到第2卷的命题8(即"任一个平方数可以拆成两个平方数的和")时,忽发灵感,在书页空白处写道:

相反的,要把一个立方数拆成两个立方数,把一个四次方数拆成两个四次方数,一般的,把一个高于二次的方幂数拆成两个同次的方幂数,是不可能的. 我确实发现了此命题的奇妙的证明. 因这里地方狭小,写不下,就不在这儿写了!

那么他把"奇妙的证明"写到哪里去了呢?人们翻遍了他遗留的笔记、手稿,始终未能找到,从而成为千古疑谜. 费马猜想:"当 $n \in \mathbf{N}$[①], $n \geq 3$ 时,方程 $x^n + y^n = z^n$ 无正整数解"也就扬名世界.

也许,这"证明"费马虽然写出但已遗失,也许费

[①] 本书 $\mathbf{N}$ 指 $\{1,2,3,\cdots\}$.

原则与策略

马根本就没有写出来,但无论如何,"没找到"成了一桩天大的好事:人们通过对费马猜想长期不懈的研究,发现了大量珍贵的"副"产品,要是当时费马写出了他的证明的话,这一切的一切(包括这个故事)也就无从谈起了.

但也还有另一种读书法,那就是注重于熟读、牢记、吸收的方法,所谓"熟读唐诗三百首,不会作诗也会吟"。一般认为,读诗歌、散文、小说,提倡多读、背诵,读理科的书和富于哲理的书,则适用提问题读书法,甚至自己推证、计算等等,这大约是经验之谈吧.但无论如何,阅读、聆听时要动脑,要用心,把学、问、思统一起来.

关于两种读听(思维)方式,美国的布朗和吉利两位教授在《走出思维的误区》这本精彩的小书中,作了绝妙的描述:

有一种思维方式跟海绵遇水时情形差不多,一股脑儿吸收进去.这种方式,我们习见习闻,其优点是显而易见的:你吸收得越多,也就越有能力理解……另一个好处是它的被动性:你只要专心致志,再加上一点死记硬背——这便是你智力活动的主要内容.然而,你一旦变成一个思想者,海绵式思维就暴露出严重缺陷;当你意欲判断和选择的时候,你就需要一种批判地聆听和阅读的方法——提问阅读法.这种阅读和思维方式,要求你积极地参与;作者竭力向你讲解他的观点,而你则试图反驳他,尽管他并不在你身边.这就是淘金式思维,它着重于对所获知识的积极地互动.两种方式互相补充,相得益彰.

这就与"学而不思则罔,思而不学则殆"的精神相

吻合了.两位教授进一步解释说:

这里的要点在于:你必须积极地寻幽探微,靠提出问题,便能做到这一点.最佳的探索策略,就是批判——提问式策略.一般说来,参与其事,总比袖手旁观更为妙趣横生;而力臻完美,较之浅尝辄止,也更会其乐无穷.一旦你开始看到别人熟视无睹的东西,阅读和聆听将成为你日益富饶的知识的来源;一旦你对推理的正确性产生疑问,你将超越旁人诱你轻信的企图;一旦你学会系统地选取信息和观点,你就会甘愿多读勤思,更上层楼,甚至穷毕生努力,真正弄清何种知识意义深远,值得追求.

读者以为如何?

4. 思维启动四原则

生活常识告诉我们,思维不是空穴来风,也不是不速之客,那么,到底是什么打开了我们的思维之门呢?

由前几节的讨论不难体会到,开启我们思维的动因不外乎四种,那就是要有问题的刺激,要有自己的目的,要有兴趣,要肯于动手动口动脑,参与其事.我们不妨把它们归结为启动思维的如下基本原则:

Ⅰ.**问题性原则** 你应当有一个问题.

通常,可以这样提问:你对此有什么看法?它是正确的吗?你想解决这个问题吗?

当你肯定地回答了如上提问的时候,你就有了一个自己的问题,或说是进入了"问题情境",构成了一个"人— 题"系统,开始思维了.如果由于某种原因,你做出的回答是:没有看法,对于它是否正确,或此问题的解决采取"事不关己,高高挂起"的态度,或根本提不出任何问题,那么也就不会有任何思维.

思维的问题性也叫做思维的批判性.记得有人讲过:没有问题就没有思维,至少是没有专注的思维.问题性是任何思维的一般特征.数学家哈尔莫斯概括希尔伯特和波利亚的见解说:"问题是数学的心脏."

我们不妨较详细地摘读一下哈尔莫斯的《数学的心脏》这篇珍贵的短文:

数学家存在的主要理由,就是解题,因此,数学的真正组成部分是题和解.

数学书.如果你想写一篇数学论文或一本数学书,你打算怎么写?你期望读者从你的著作中得到什么?(趣味?技能?实际知识?)希尔伯特的《数学问题》给数学界提供了最具冒险性和最难取得成果的23个问题,但给20世纪的数学研究以伟大的影响;最著名和最丰富的"问题书",恐怕要数波利亚和塞格的《分析中的问题和定理》了!德里的《数学的凯旋》(英文和中文译本名为《100个著名的初等数学问题——历史和解》)是一本值得重视的书,它广泛取材,搜罗了两千多年的数学史实和按难易不同编排的初等数学题目;还有斯坦因豪斯的《100个数学问题》(以及《又100个数学问题》).

这些就是哈尔莫斯赞赏的数学书——问题书.其实,中国古代以《九章算术》为代表的"算经十书",也都是由"题和解"构成的问题书,研究的意味很浓.哈尔莫斯言行一致,写了这篇短文以后,便动手编辑《问题丛书》,已出十数本,其中有《数论中未解决的问题》

第1章 是什么引起了思维

和《几何中未解决的问题》等. 我们继续读下去:

解题课. 我们教师承担的任务,是把数学知识的火炬传播给技术员、工程师、科学家、教师,尤其是未来的数学家. 问题对我们有帮助吗? 有的,任何人的有意义的生活的主要部分是解题(显然,这里的"题"以及下一句中教师给学生提的"问题",都是广义的),所有教师,特别是数学教师,应给他的学生多提问题,少讲事实. 我始终认为,启发学生搜寻反例的探索、讨论,有无比的价值.

解题课的全部活动,是由学生解题,然后在班上介绍,这时,学习意味着获得聪明地提问题的素质和某些补漏洞的技术. 参加过解题课的学生,其灵活的态度,迅速抓住事物核心的能力,锐敏探索的本领,常受到后继教师的称赞.

问题讨论班. 指导讨论班的最好方法,是多提问题,通过问题启发学生自己发现问题. 因为解题中最难的是正确地提问题,而学会提问题的最好办法是实践. 可明确地建议学生:把问题加以推广,也可以启发他:对问题加以限定,或先推广后限定. 我最喜欢用的一个建议是:把问题提得尖锐些,即不要一个劲地提老生常谈的问题("什么叫什么","什么时候会……","有多少……"),最好是先提容易但非平凡的问题.

我确信,问题是数学的心脏,而且我希望在课堂上,在书本中,在文章里加以强调,其本意是把学生培养成善提问题的行家和解题能手.

为说明"问题是数学的心脏"这小小的真理,哈尔莫斯真是苦口婆心,不厌其烦,而其落脚点是教会学生怎样提问题,怎样提出好的问题,即怎样有效地启动和进行数学思维. 事实上, 在当今大多数的数学课堂上, 我们的学生天天在遭受"什么是什么"、"什么叫什么"等一类致力于把人引向死记硬背的庸俗问题的"轰炸". 为此,《数学教育学》一书的作者斯脱利亚尔先生极力主张: 教学(学习)不应以死记已建立的体系为目的, 而应是通过观察、分析、提问题、讨论, 以便能够重新发现这体系的事实, 然后从逻辑上把它们整理成系统, 从而更快地发展学生的思维能力; 极力提倡在教学中使用"教育上合理的问题". 什么是"教育上合理的问题"? 就是能促进学生积极思维而且反馈信息丰富的问题. 比如, 他举例说, 在学完"过三点的圆"这一课之后, 如果问学生:"过不共线三点可以作几个圆?"这就是教育上不合理的问题. 如果改问:"过三点可以作几个圆?"就成为教育上合理的了.

如果我们敢向自己提出:"为什么过同一直线上的三点不能作圆?"这就成了哈尔莫斯先生说的"尖锐些"的问题了. 面对这问题, 也许能回答, 也许一时找不到令人信服的答案. 但没有关系, 这种"钻牛角尖"的问题. 终将为你带来丰富的思维硕果.

Ⅱ. 目的性原则 你应当明确自己的目的.

通常, 可以这样提问: 你这样做的目的是什么? 你是否有一个明确的目标? 怎样达到这个目标? 可能会有什么困难?

目的性原则, 也叫目标原则或动机原则. 我们做一件事情, 考虑一个问题, 总是想达到一定的目的. 比如, 我们致力于解一道题, 如果不是为了完成老师布置的作业, 就是为了巩固所学的知识、方法, 或为了答复别人的求教, 或仅仅是为了满足自己的好奇心. 这个目

的,可能是当和尚撞钟,属于完成任务型;可能是雪中望炭,渴而思饮,属于迫切需要型;也可能是锦上添花,好中求妙,属于审美型、兴趣型.但无论如何,你有了一个目标,有了一个动机,有了一种推动力.这是一种思维的内驱力.这种内驱力,就是学习的主动性,思维的积极性.有了主动性、积极性,阅读聆听,会专心致志,如饥似渴地摄取信息,面对问题,能认真领会,主动承担,很快进入"角色".

相反地,一个人如果无所追求,缺乏信心,没有了学习思考的动机,他就会"身在曹营心在汉",视而不见,听而不闻,上课昏昏欲睡,读书囫囵吞枣;面对问题,也是无动于衷,还会有什么思维?可见,问题性原则的实施,如无目的性原则的担保,无当事者的参与,也是无能为力的.

因此,我们要主动学习,积极思维,就要明确目的,集中目标,激发动机,而这又与我们的人生哲学有关,与我们的理想和追求有关.为人之道,我们应当有开阔的胸怀,远大的理想,为国为民的抱负.想到自己肩负的重任,就会形成持久的学习动机.

Ⅲ.**趣味性原则** 你应当对它感兴趣.

通常,可以这样提问:你觉得它很奇妙吗?你了解它吗?你喜欢它吗?你觉得这问题有趣吗?你特别喜爱这问题吗?

趣味性原则,也叫兴趣原则,这是一条对学习、对思维至关重要的原则.古往今来,哲学家、教育家、思想家围绕它说了很多的话,提示人们注意兴趣对学习、思维的重要意义.

比如,有的学者认为"兴趣是学习的火车头".

原则与策略

哲学家培根说:"知识是一种快乐,而好奇则是知识的萌芽."黑格尔在《美学》这部著作中更进一步说:"一个深广的心灵,总是把兴趣的领域推广到无数事物上去."

下面我们着重看看数学教育家波利亚对这个问题的真知灼见:

学习应当是主动的,然而,倘若学生没有学习的动机,他就不会去学习.他必须要有,譬如说,某些刺激的因素,某些报偿的期望,才能去学习.所学材料的生动有趣乃是学习的最佳刺激,强烈的心智活动所带来的愉快乃是这种活动的最好报偿.因此,为了有效地学习,学生应当对所学材料感兴趣,并且在学习活动中找到乐趣.

这就是波利亚大力提倡的学习的最佳动机原则,事实上,也是思维启动的原则.波利亚站在教学的角度,进一步说:

教师应当把自己看成一个知识推销员,他要把某些数学知识推销给青年人.现在,假如推销员在推销工作中碰到了困难,他所期待的顾客并不买他的货,那么,他不应当光是责备顾客……青年人学不进数学,也许是有道理的,他可能既不懒也不笨,只不过是对别的东西更感兴趣而已——在我们周围的世界里,有多少使人感兴趣的东西呀!作为一个教师,他的责任就是使得学生相信数学是有趣的,使他们感到刚刚讨论的那个问题是有趣的,让他做的那些题是值得他努力去做的,等等.

教师应当注意选好题目,整理好并加以介绍,从学生的角度看,题目应当是有意思的且与他有

第1章 是什么引起了思维

关,最好与日常生活有联系,题目的引入,最好带点诙谐或悖论……

波利亚在这里出的主意是可取的,现代生活中引起好奇心,激发人们兴趣的东西确实太多了,然而,数学不必靠某种外加的东西来刺激兴趣,仅靠数学本身的魅力,就足以激发学生浓厚的兴趣.这种魅力表现在:

第一,数学之美.爱美之心,人皆有之.数学自有其非同凡响的独特的美.论形象,有典雅秀美的古典几何图形(多心多性的三角形,完美无缺的正多边形、圆、正多面体、球),到作为物体运行轨迹的圆锥曲线,和作为花纹彩饰的千姿百态的曲线、折线,再到无限幽深的混沌构图,分形图案,完全可以同名画书法媲美;数式的精妙结构和机巧的变幻,绝不亚于美妙的诗歌、音乐.对于任何有一定数学素养的人来说,在数字、字母、图形、符号的世界里神游,领略抽象宇宙、高维空间的莫测奇绝,饱尝那艰辛的理论思维之后丰收的喜悦,比起任何其他的艺术享受来,是绝无逊色的.

第二,遍地皆谜.数学有时如一潭清水,明澈见底,但细想起来又像步入幽境,遍地皆谜.拿"圆周率"π来说,它不过是圆周长 C 同直径 d 之比: $\pi = \dfrac{C}{d}$,何等简单明确,可是古往今来,不断地揭示出它的奥妙:

先是《周髀》创"周三径一"之说;

后来,发现在"欧拉级数":

$$\frac{\pi^2}{6} = \frac{1}{1^2} + \frac{1}{2^2} + \frac{1}{3^2} + \frac{1}{4^2} + \cdots + \frac{1}{n^2} + \cdots$$

中,π 同自然数列"$1,2,3,\cdots,n,\cdots$"的"暧昧关系";

蒲丰投针求 π,说明它与随机性"勾勾搭搭".

至于在 π 的小数表达式

π = 3. 141 592 653 589 793 238 462 6…

已算出的 20 多亿位中,则是千奇百怪,无妙不有. 比如,数字排列 123456789,6 个 1,6 个 2,…,6 个 9,e 的近似值的数字排列 27182818 等,全都出现了,可不知这是意味着什么?

又如,祖冲之的不等式

3. 141 592 6 < π < 3. 141 592 7

以及他的密率 $\pi \approx \frac{355}{113}$ 是怎样求出的? 他的"缀术"是什么? 由于古籍失传,均成为千古之谜.

又如,中小学生都懂的"哥德巴赫猜想":

任何大于 4 的偶数都能表成两奇素数之和.

和"正多边形对角线交点计数问题":

正 n(≥3)边形对角线在形内交点有多少? 试给出一个公式(张忠辅问题);

当 n(≥3)为奇数时,正 n 边形任何三条对角线在形内不共点(杨之猜想).

历经磨难,至今无人能解.

这样"无自知之明"的数学,对揭示"别人"的奥妙,却往往得心应手. 比如,物理中偶然事件中的必然,混沌中的有序;宇宙中的有限与无限,变与不变的关系,逻辑悖论中的真理等等,都能分析清楚.

更不可思议的是,数学抽象往往把看来风马牛不相及的许多现象,以一条"红线"贯串在一起. 比如,贯串如下现象

美丽绝伦的五角星;

第1章 是什么引起了思维

古希腊的兔子问题;

儿童跳格游戏;

斐波那契数列 1,1,2,3,5,8,…;

递归方程 $\begin{cases} x_1 = x_2 = 1 \\ x_{n+2} = x_{n+1} + x_n, n = 1, 2, \cdots \end{cases}$;

二次方程 $x^2 + x - 1 = 0$;

吉弗的优选法;

连分数 $[0;1,1,1,\cdots] = \cfrac{1}{1+\cfrac{1}{1+\cfrac{1}{1+\cdots}}}$

的,只不过是中学课本里一道"小小的"作图题:

在已知线段 AB 上求一点 C,使得

$$\frac{AC}{AB} = \frac{CB}{AC}(黄金分割或中末比)$$

你看妙也不妙?! 面对着这样的刺激或挑战,谁又能无动于衷呢?

第三,常用不衰. 数学的"硬"应用(即公式、定理、法则、规律等的应用)是大家都知道的. 1959 年 5 月,华罗庚曾在《人民日报》上发表《大哉数学之为用》一文,对数学在"宇宙之大,粒子之微,火箭之速,化工之巧,地球之变,生物之谜,日用之繁"诸方面的应用,作了精彩的描述;1994 年王梓坤又撰写了《今日数学及其应用》一文,生动地论述了当今数学的飞速发展及其极为广阔的应用范围:优化、控制与统筹,设计与制造,质量控制,预测与管理,信息处理,大型工程,资源开发与环境保护,农业经济,机器证明,新计算方法,数学物理,最短网络,几何设计,模糊推理,军事国防和其他诸方面. 而凝结和渗透在这些"硬数学"中的思想、方法、原理、技巧等"软数学"的开发应用,也日渐为人们所关注. 从这两方面都可看出,数学作为人类文化的重要组成部分,它既是手中犀利的工具,又构成人的优良素质:使人聪明、正直、高尚、文明,谁不愿做一个这样的人呢?

至于数学中那些新颖奇巧、富于激励性和挑战性的层出不穷的问题,谁见了不心动技痒呢?

Ⅳ. **操作性原则**　为了求得切身体验,你应当动手做.

提问的方法是:你弄清了这个问题吗?你理解了这个概念吗?你能举出它的一些特例加以验证吗?试画出一个图或构造一个模型加以检验.

瑞士专门研究儿童思维发生发展规律的心理学家皮亚杰,通过一系列实验研究,获得的结论是:儿童点数物体的动作,是数学演绎的开始,后来的演绎不再需要物体,而是原来作用于物体的动作感受的内化. 进而这种动作的协调,就导向逻辑结构. 并进一步认识到:学生的数学概念只有在自己具体操作中,才能发展. 智力源于动作,因此,应特别强调操作在数学学习中的作用. 概念与原理的掌握离不开动手操作和思维操作,建立认知结构更是如此.

这里,我们可以把"做"、"动作"、"操作"等按广义理解:制作模型、测量、绘图、制表、观察、数据处理、进行具体的数式演算、书写或构想推理过程,操纵计算器、计算机等等,都认为是操作. 如果我们对一个一般的概念或命题不理解,除了追索表述中未知概念或命题外,还应动手抽取它的若干特例或反例加以具体的验证,以获得切实的经验;如果我们对一道题题意不

第1章 是什么引起了思维

明,我们就要动手操作:弄清它的已知、未知和条件,必要时画图并引进符号,检验一些特例,比如,若是立体几何题,则可制作或寻找模型(如纸盒、教室),把抽象概念形象化;如果我们对一个一般问题求解或证明过程不理解,那么,除了逐个弄清每一步推理的依据(大前提、小前提)外,还要做两件事:一是找问题的一个特例,按一般求解过程逐步操作,从而弄清一般解证过程的具体来源;二是用较高层次的思想方法,对整个解证过程进行"概观",弄清它的解题思路. 对于研读数学文献来说,这是一种检验式的操作,对于解题来说,则是一种探索式的操作. 也就是说,面对一个难题,当我们没有任何好的念头产生的时候,我们不能坐视问题,望洋兴叹,而应当动手做,找可以下手的地方(如检验若干特例,反例,或找"破绽",抓住一个不成熟的猜想等等)动手做,以促使思维动起来,迎接好念头的出现.

下面我们来考查实例,但在此前,先欣赏波利亚在《数学发现》一书中,引用过的数学家莱布尼兹的一段话:

马略特(17世纪法国物理学家)说,人类大脑像一个口袋:你思考时就像在摇这口袋,直到从里边倒出某些东西为止. 因此,思考的结果无疑在某种程度上依赖于机会;我想再补充一点,即人类的大脑更像一个筛子:你思考时就像在晃这个筛子,直到某些细微的东西筛落为止,而当它们落下时,正在搜索的注意力就抓住有关的东西.

我们要考查的例题是证明秦九韶－海仑三斜求积公式

原则与策略

$$S_\triangle = \sqrt{p(p-a)(p-b)(p-c)}$$

其中,a,b,c 是 $\triangle ABC$ 三边,$p = \frac{1}{2}(a+b+c)$. 这公式会不会是错的:它的"量纲"对不对?因根号下是"线"的四次方,开方后是二次,与"面积"量纲相符,可见没有错;被开方数是非负吗?看看 $p-a$,有

$$p - a = \frac{1}{2}(a+b+c) - a = \frac{1}{2}(b+c-a) > 0$$

(因为 $b+c > a$)同样有 $p-b > 0, p-c > 0$,可见没错. 又,a,b,c 在公式中的"地位"应是平等的(即轮换对称的),是这样吗?是的. 鸡蛋里未能挑出骨头,于是动手证明. 怎样证?我们手头有"底高"和"两边夹角"两个面积公式

$$S_\triangle = \frac{1}{2}ah_a = \frac{1}{2}ab\sin C$$

一下子与"秦-海"公式难挂钩. 我们来"检验特例,寻找念头":

对"等边三角形"怎么样?等边三角形 $b = c = a$,$h_a = \frac{\sqrt{3}}{2}a$,按底高公式

$$S_\triangle = \frac{1}{2}ah_a = \frac{1}{2}a \cdot \frac{\sqrt{3}}{2}a = \frac{\sqrt{3}}{4}a^2$$

按秦-海公式:$p-a = p-b = p-c = \frac{1}{2} \cdot 3a - a = \frac{1}{2}a, p = \frac{3}{2}a; S_\triangle = \sqrt{\frac{3a}{2} \cdot \frac{a}{2} \cdot \frac{a}{2} \cdot \frac{a}{2}} = \frac{\sqrt{3}}{4}a^2.$

是对的,但对我们思路,有何启示?有一点,就是在求等边三角形 h_a 时,用了勾股定理,根号可能是从那里来的. 对一般三角形,可以用吗?

第1章 是什么引起了思维

对"直角三角形"怎么样？不妨设 $C=90°$，这时 $\sin C=1$，按两边夹角公式，有 $S_\triangle = \frac{1}{2}ab\sin 90° = \frac{1}{2}ab$. 那么，按秦-海公式呢？怎样把根号下的式子变形？由于 $c^2 = a^2 + b^2$，要想消去根号，应"造"出 c^2，从而出现 a^2, b^2，我们试一试

$$\begin{aligned}
&p(p-a)(p-b)(p-c)\\
&=\frac{1}{16}(a+b+c)(b+c-a)(c+a-b)(a+b-c)\\
&=\frac{1}{16}(a+b+c)(a+b-c)[c+(b-a)][c-(b-a)]\\
&=\frac{1}{16}[(a+b)^2-c^2][c^2-(b-a)^2]\\
&=\frac{1}{16}[(a+b)^2-(a^2+b^2)][(a^2+b^2)-(b-a)^2]\\
&=\frac{1}{16}\cdot 2ab\cdot 2ab\\
&=\frac{1}{4}a^2b^2
\end{aligned}$$

所以 $\quad S_\triangle = \sqrt{\frac{1}{4}a^2b^2} = \frac{1}{2}ab$

我们成功了！但这检验过程说明了什么？这里消去 c 的方法，能在 $C\neq 90°$ 时，用来消去 $\sin C$ 吗？

按检验等边三角形获得的思路，应按图3所示，求出 h_a，代入 $S_\triangle^2 = \frac{1}{4}a^2h_a^2$ 化简. 具体做法请读者自行完成.

按由直角三角形检验提示的思路，应由两边夹角公式 $S_\triangle = \frac{1}{2}ab\sin C$ 中，消去 $\sin C$，我们想到了"余弦

原则与策略

定理"

$$\cos C = \frac{a^2+b^2-c^2}{2ab}$$

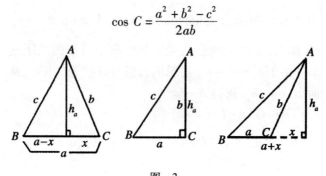

图 3

则

$$\sin^2 C = 1 - \cos^2 C$$

$$= 1 - \left(\frac{a^2+b^2-c^2}{2ab}\right)^2$$

$$= \left(1 + \frac{a^2+b^2-c^2}{2ab}\right)\left(1 - \frac{a^2+b^2-c^2}{2ab}\right)$$

$$= \frac{1}{4a^2b^2}(2ab + a^2 + b^2 - c^2)(2ab - a^2 - b^2 + c^2)$$

$$= \frac{1}{4a^2b^2}((a+b)^2 - c^2)(-(a-b)^2 + c^2)$$

$$= \frac{1}{4a^2b^2}(a+b+c)(a+b-c)(c+a-b)(c-a+b)$$

$$= \frac{1}{4a^2b^2} \cdot 2p \cdot 2(p-c) \cdot 2(p-b) \cdot 2(p-a)$$

$$= \frac{4}{a^2b^2}p(p-a)(p-b)(p-c)$$

第1章　是什么引起了思维

$$S_\triangle^2 = \frac{1}{4}a^2b^2\sin^2 C$$
$$= \frac{1}{4}a^2b^2 \cdot \frac{4}{a^2b^2}p(p-a)(p-b)(p-c)$$
$$= p(p-a)(p-b)(p-c)$$

成功了！对比一下 $\sin^2 C$ 的推导过程和检验 $C=90°$ 时的推导过程，是令人深思的.

5. 四条原则的关系

由前面的讨论，我们不难看到，原则Ⅰ～Ⅳ的共同特点，在于它们都是回答"是什么引起了我们的思维"这个问题，即它们都是思维启动的原则. 然而，当我们开始考虑一个问题时，往往又不是出于单纯的一个原因，遵循单一的原则，而是若干因素共同作用的结果. 比如，你想研究"等周问题"：

在周长一定的所有封闭图形中，圆的面积最大.

可能是为了完成一项任务（如学习、教学的需要或回答别人的问题）；或是对问题本身（圆竟有如此独特的性质）感到强烈的兴趣；或是你感到技痒而打算迎接挑战；或是你感到结论重要，值得投入力量研究；或者是这些原因中某几种的综合（一个原因促发了另一个原因或几个同时起作用），即我们同时遵循了思维启动的几个原则. 我们可以通过如下的框图，来简明地表示各项原则的关系和它们发挥作用的机制（图4）.

原则与策略

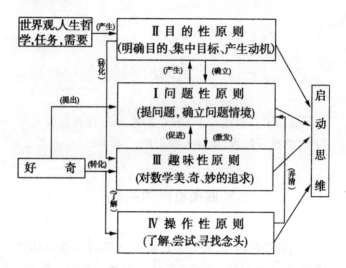

图 4

对此框图可作如下几点说明:

(1)由一个人的世界观、人生哲学、某种任务和需要产生一定的目的,在这种目的的推动下,提出和考虑有关问题,确立问题情境,产生对某些事物的兴趣;

(2)通过操作有助于了解事物,弄清题意,把幼稚的好奇心转化为兴趣(由"外行看热闹"转化为"内行看门道",有助于参与);

(3)好奇心、目的性,均可在一定的条件下转化为兴趣(如"想学好数学"的目的,由于考试得了高分,学习入了门而逐渐产生对数学的兴趣).问题也可激发兴趣,而兴趣作为最佳动机,能促使人迅速进入问题情境;

(4)好奇心、目的性、兴趣都可促使人提问题,帮助人进入问题情境,确立"我的问题",决心投入精力,参与其中;

第1章 是什么引起了思维

(5)框图还显示:好奇心、需要二者是促使人思维的原动力,而实际上它们很快转化为问题和兴趣,通过问题和兴趣而启动思维.

怎样"数学地"思考问题?

——数学思维特征原则

一旦我们思维开启,进入问题情境,我们应怎样"数学地"去处理问题呢?或者说,我们要"数学地"处理问题,应当遵循一些什么样的原则呢?

我们还是先看看数学家是怎样做的.

1. 欧拉"过桥"的故事

欧洲有一座风光明媚的小城哥尼斯堡,普雷格尔河蜿蜒其间. 这座城市之所以闻名遐迩,不仅由于它出了一位了不起的大哲学家康德和一位大数学家希尔伯特,而且由于它出了一个著名问题,被知名数学家解决,成为拓扑和图论的发祥地.

事情是这样的:

18世纪,哥尼斯堡人在普雷格尔河上修了七座桥(图5),当时城市居民和

第 2 章

第 2 章 怎样"数学地"思考问题?

游客都为如下难题所困扰:一个人能不能不重复地一次走遍七座桥? 当时大家都在试(请读者也试试,勿失良机),结果:不是这座重了,就是那座漏了.

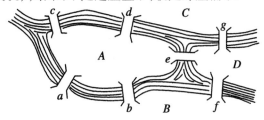

图 5

这到底是一个什么样的问题呢? 应当怎样去求解? 长时期没有人能回答这一问题.

总结了大家失败的教训,数学家欧拉解决了这个问题,并在圣彼得堡科学院作了一个著名的报告.

一般说来,数学家们写论文阐述自己的成果,大多隐略思维过程,欧拉在这个报告中,却一反常规,详细完整地叙述了自己的思维过程. 这文献太珍贵了,且难以找到,既然要说明我们的问题,与其转述,不如详录,与读者共同鉴赏.

哥尼斯堡七桥问题

欧拉(1736 年)

(1) 讨论只与位置有关,研究位置的性质的几何分支,莱布尼兹叫它"位置几何学"(现称"拓扑学"——引用者).

(2) 问题:在普鲁士的哥尼斯堡镇,有一个岛叫"奈发夫",普雷格尔河两支绕流其旁(图5),七座桥 a,b,c,d,e,f,g 横跨两支流. 问,一个人能不能在一次散步中,每桥恰走一次? 有人说不行,也有人怀疑,但

原则与策略

无人坚持说一定可能;

在此基础上,我给自己提出下面这个很一般的问题:给定任意一个河道图与任意多座桥,要判断能否每桥恰走一次.

在这两点中,欧拉在"弄清题意":先肯定是几何问题,但考虑的是与图形形状和大小无关而仅与点线相对位置有关(点是否在线上,线是否通过点)的性质,是一种新的几何.为了借具体研究而获得一般的结果,欧拉先把问题加以抽象,再进行一般化,得到由任意河道和任意多座桥的"河 - 桥"图和相应的问题.

(3)"七桥"这特殊问题可这样来解:细心地把所有走法列表,逐一检查哪些(如有的话)是满足要求的.然而这解法太乏味、太烦琐了,因可能组合的数目太大,且对于桥数更多的问题便无法应用.且这样分析,会引出许多与问题无关的支节.因此,须另寻佳法,即能一下子找出满足要求的路线的方法,它会十分简单.

这里,欧拉设想了一条思路,但过于烦琐而看不出规律,且桥数多了更难使用,因而予以摒弃.看来,这是他花了很大力气探索过的方法,由于在"做"中发现了新思路,而毅然放弃了它,且欧拉发现,"它"之所以繁难而无规律,在于未"数学地"加以处理.在(4)~(6)中,欧拉开始"数学地"考虑问题:引进适当的符号,把问题形式化:

(4)方法的依据是:以适当的简易方式把过桥记录下来:以 A, B, C, D 表被河道分割的陆地,当一个人从 A 经 a 或 b 到 B 时,记作 AB,第一字母表出发地,第二字母表到达地,如此人继续由 B 过桥 f 到 D,两次过

第 2 章 怎样"数学地"思考问题？

桥记作 ABD，等等．

（5）类似地，如此人再从 D 过桥 g 到 C，则记作 $ABDC$，就是说，此人从 A 出发过了三座桥到 C，且必须过三桥经 B，D 才能到 C．过四桥用五个字母表示；一个人过任意多座桥，表示路线的字母比桥数多一，如过七桥需用八个字母．

（6）按此法，不必区分走哪座桥，于是如有一条路走过七桥中每桥恰一次时，用八个字母表示，则在这串字母中，AB（或 BA）的组合要出现两次，因有两桥连接 A，B；类似地，AC 这组合要出现两次，AD，BD，CD 这三个组合各出现一次．

欧拉引进的这套符号表示方法是恰当的，它可以确切地反映实际问题，过桥的一举一动，都通过符号完全反映了出来，因此，它完全地反映了题意，它形式地描述了问题的已知、未知和条件，从而也就完全反映了问题的结构．

在接下来的（7）~（9）中，在明确"七桥问题就是八字母串中两字母组合出现规定次数"的问题的基础上，提出应弄清"这样的八字母串在理论上是否存在"的问题．为此，就要进一步弄清"符合要求的八字母串"的结构规律：因二字母组合出现次数仍不好检验，所以想弄清单个字母出现的规律，（8），（9）终于做到了：

（7）于是，问题化成：怎样用四字母排成八字母串，使（6）中提到的各二字组合出现所需次数．然而，在致力寻求这样的排列之前，对其可能的存在性在理论上稍作考虑，是必要的，因为若它不存在，则去求它等于白费力气．所以，我就致力于去寻求一个简易判别排法是否存在的法则.

(8) 为此,考虑地区 A,设有桥 $a,b,c,d,\cdots$ 与之相通(图6). 先看桥 a, 如步行者过此桥, 他必定过桥之前或之后在 A.

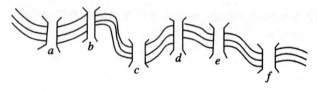

图 6

按上述记法, A 定出现一次; 如有3桥通 A, 三桥中每桥过1次, 则无论是否从 A 出发, 则 A 必定出现2次. 如5桥通 A, 则 A 出现3次; 如桥有奇数座, 则加1取半, 其商即为 A 出现的次数.

(9) 回到七桥问题(图5), 因有5桥 a,b,c,d,e 通 A, 则在路线表示式里 A 必出现3次; 有3桥通 B, 则 B 应出现2次, 类似地, D,C 各出现2次; 就是说, 在过桥路线的八字母串里, 必有3个 A, 2个 B, 2个 C, 2个 D, 这是不可能的. 因此, 按所说方式走遍这七座桥是办不到的.

到此为止, 由于弄清了字母出现次数与通到该处桥数的具体关系, 一举反而解决了"七桥问题". 为了进一步弄清一般河－桥系统中"过桥"问题, 谋求正面结果, 在(10)~(12)中, 进一步细致分析单个字母在表示路线的字母串中出现的规律, 弄清了只与通向它的桥数有关, 而与这些桥另一端通向何处无关, 又按某地是否是出发点和所通桥数的奇偶性, 得到具体算法:

(10) 用此法总能判断, 当通到各处的桥数都是奇数时, 能否通过一次散步遍历每桥恰一次: 如桥数加1

第2章 怎样"数学地"思考问题？

等于各字母应出现的次数之和,则路线存在;若这和大于桥数加1,则不存在.且我在(8)中提出的按通到A的桥数来确定A出现次数的规则,与桥的另一端通往何处无关.

(11)当通A的桥数是偶数时,须分A是否是出发点两种情况.如通A的桥数是2,则当由A出发时,A必出现2次(出一次,入一次),否则,A只出现一次.因按我的记法,A这次出现,既表示进入A,又表示从A出去;

(12)假定有4桥通A,若从A出发,A出现3次,否则,出现2次;如有6桥通A,A是起点时,A出现4次,否则,出现3次.一般地说,如桥数为偶,则字母A出现次数,当A非始点时,等于桥数之半,为始点时,等于一半加1.

应当说明的是:在(11)(12)中的"出发点",应理解为"路线的端点",因它同时包括"归宿点"(路反过来走,归宿点也就是出发点),因此,"非出发点"也就是中途点.于是,在(13)中,总结出一般算法,在(14)中,概括成一个表算程序:

(13)由于每条路必从某处出发,则可按下法计算各字母在路线表达式里出现的次数:当所通桥数为奇数时,加1再除2;为偶数时,除以2.如所得各数和等于总桥数加1,散步可实现,但须从通奇数座桥处出发;如和数等于总桥数,则散步也可实现,只须从通偶数座桥的地方出发(因这时和数须再加1,于是等于总桥数加1).

(14)为判断在任一河-桥系统里,能否过每桥恰好一次,我们的程序是:①把被水隔开的地区用符号

原则与策略

A,B,C 等表示;②取桥的总数加 1,放于顶格;③表的第一列写 $A,B,C,\cdots$ 第二列写 $A,B,C,\cdots$ 连接的桥数;④对应偶数的字母打"*"号;⑤将第二列偶数折半,奇数加 1 再折半,写在第三列;⑥第三列各数求和:如此和比顶数少 1 或等于顶数,则路线存在,且当少 1 时,从打星号地方出发,相等时,从无星号地方出发.对哥尼斯堡七桥问题,表出如下.

桥数	7	7+1=8
A	5	3
B	3	2
C	3	2
D	3	2
		和:9

因和数>顶数,故要求的路线不存在.

(15) 考虑四河两岛 15 桥问题(如图 7):问是否可安排一条路,遍历每桥恰一次?

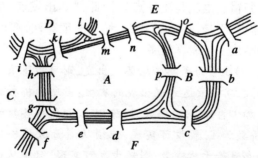

图 7

选用的字母符号如图所示.按(14)中所述,表出如下

第2章 怎样"数学地"思考问题?

$$15 + 1 = 16$$

A^*	8	4
B^*	4	2
C^*	4	2
D	3	2
E	5	3
F^*	6	3
		16

由于第三列各数和等于顶数 16,因此路线存在,但须从无星号字母 D 或 E 出发. 如下是其中一条(小写字母表示所过桥)

$EaFbBcFdAeFfCgAhCiDkAmEnApBoElDn$
桥问题解完了,已找到了相当简单的判别方法. 但是,这必定还要列个表来计算. 还有无更简便的方法? 观察所列的表,其中似乎透露出某种更深刻的规律性,于是,欧拉继续做下去:

(16)对相当复杂的情形,如上方法都可解决了. 但由之还可引申出更为简单的方法,只须稍做准备. 首先,第二列各数之和,必为总桥数的 2 倍,理由是:一桥通两地.

(17)由此可知,第二列各数和定为偶数(= 总桥数的 2 倍),因此,在这些数里,奇数必有偶数个. 例如,在七桥问题中,A,B,C,D 对应的都是奇数,即有 4 个奇数. 在(15)节的例子里,D,E 两地对应的为奇数.

(18)由于 $A,B,C,\cdots$ 对应的数之和为总桥数的 2 倍,因此,加 2 再折半必等于三列顶数. 当第二列均为偶数时,第三列各数均为对应数之半,故其和比顶数少 1. 因而路线存在且从任一处出发均可. 如七桥问题中

原则与策略

每桥安排走 2 次,则通各地的桥均相当于偶数座,则必存在合适路线.

(19) 其次,当第二列仅有两个奇数时,则第三列各数中,有两个是第二列相应数加 1 的一半,因而其和等于桥数加 1,即等于顶数,故所求路线存在,但须从通奇数座桥的地方出发.

进而,当第二列有 4 个(或 6 个,8 个等)奇数时,显然第三列中各数和将比顶数多 1(或多 2,多 3 等),因而要求的路线不存在.

(20) 于是,对任意河-桥图,可用如下法则判断"能否把每桥恰走一次":

若通奇数座桥的地点 ┬ 多于 2 个,则不可能
　　　　　　　　　 ├ 恰有 2 个,则可能,且从其中之一出发
　　　　　　　　　 └ 有 0 个,则可能,可从任一点出发

(21) 在确知路线存在以后,还要把它找出来,方法是:如可能,想象着把连接同一对地区的任意两座桥抹去,使桥数大大减少. 然后,可轻易地在剩下的桥图上描出路线,最后,再把抹掉的补上,补描出路线,就可以了.

至此,欧拉完全解决了"n 桥问题". 由讨论的过程和结果不难看出,欧拉虽然使用的是"桥"、"地方"、"通到每个地方的桥数"等语言,但事实上已完全不涉及它们的具体含义. 如果分别把它们换成"边"、"顶点"、"顶点的次数"等图论语言,则欧拉在(17)~(20)中叙述的结果,就成为图论中的基本定理了. 以后,数学史上把欧拉《哥尼斯堡七桥问题》这篇论文看做图论的一篇经典文献,不是没有道理的.

2. 数学思维特征三原则

阅读欧拉的著名论文,回顾欧拉解决七桥问题(进而解决 n 桥问题)的过程,我们不难领会"数学地思考问题"的基本方法:首先,在"弄清问题"之后,对问题加以抽象,然后,引进适当的数学符号系统,把问题转化成一个数学问题. 继之,对符号系统进行操作,弄清实际问题的要求对于这符号系统来说,究竟意味着什么. 最后,通过推证,获得严格的结论.

这样,就可以概括出反映数学思维特征的如下原则.

V. 抽象化原则 你应当透彻地分析问题,舍弃它的质而从量的关系方面加以考虑,并加以逻辑地构造.

可以这样来提问:这问题从数学上看,实际上是个什么问题?它有哪些数量?在这些数量间有什么关系?

任何思维,包括形象思维和直觉思维,都具有一定的抽象性,因为它们都要从具体事物中抽取出某些方面、属性、关系等,来作为对象. 不过,数学思维的抽象性,更具有独特的含义. 前苏联数学家亚历山大洛夫在《数学——它的内容、方法和意义》一书中曾说:

抽象性在简单的计算中就已经表现出来. 我们运用抽象的数字,却并不打算每次都把它们同具体的对象联系起来. 我们在学校中学的是抽象的乘法表:里边列的都是数字乘数字,而不是儿童的数目乘上苹果的数目,或苹果数量乘上苹果的单价……同样,在几何中

原则与策略

研究的,是直线,而不是拉紧的绳子,且在"直线"这个概念中,舍弃了所有其他的性质,而只留下在一定方向的延伸性.总之,关于几何图形的概念舍弃了现实对象所有其他性质,而只留下了其空间形式和大小.

这里不仅指出了数学抽象的特点,而且阐明了数学抽象的内容(即指出了舍弃什么,保留什么):由(具体或抽象的)事物中,抽取其量的方面、属性或关系,并形成相对独立的数学对象.而这种对象,无论其是否有明显的直观意义,或者,虽然为了教学的需要而采用某种解释或说明,作为数学思维单元的数学概念,都只能依靠公理或定义加以规定,依靠严格规定的概念进行推理.由此可见,数学研究的对象,乃是"纯粹的量"和量的关系,而它们又是通过公理、定义、定理逻辑地加以构造的,因此,数学思维抽象性的独特含义就是它的构造性,而且,正是借助这种构造性,才使数学对象由头脑内部的思维活动(有的作者称为思想事物),转化为外部的(说出来,写出来,按一定方式、用一定的载体表示出来)独立存在(逻辑上的存在),相应的数学结论也才能摆脱思维活动所必然具有的"个别性"(只能在单个人头脑中进行),而获得作为科学知识必须具有的普遍性、客观性.

比如,"三角形"这个概念,在现实世界中可能有各式各样的形象,在不同人的头脑中三角形的"心理图像"也各不一样,一千位老师在讲授三角形性质(如三内角之和为180°)时,画出的会是一千个不同的三角形,但推出的性质却完全一样,是一种不依赖单个人的客观知识,其原因是我们推证的出发点,不是各个人心目中的三角形的形象,更不是画在黑板上的三角形,

第 2 章 怎样"数学地"思考问题?

而是三角形的"代表",是三角形的普遍化的定义,以及平行线的性质等等.

数学思维抽象性的另一个特点,则表现在对事物抽象的层次上. 拿"几何"来说,起初,我们舍弃物体的其他性质,而抽象成由点、线、面构成的图形,研究的是同形状、位置和大小(距离)等有关的性质,通过"是否全等"来加以描述;继之,我们再把"大小"概念舍去,只考虑形状,用"是否相似"来加以描述. 第三,再进一步舍去形状的概念,而只考虑点线的"结合关系",以"点是否在线上"(线是否通过点)来加以描述. 这正是欧拉在解决"哥尼斯堡七桥问题"时所做的:欧拉首先对"地方"和"桥"加以抽象:舍弃了"地方"的形状、大小、实际位置,而把它看成一个个的"点";其次,舍弃了"桥"的形状、结构、长短等等,而用一条"线"表示它,舍弃地方与桥的具体连通方式,而只考虑"是否相通";然后,对"过桥"加以抽象,舍弃了过桥的具体方式、过程,而只把"桥"(用两个字母表示)排成一串,最后把"通过所有的桥"抽象成一个字母串. 欧拉推理时所用的图形,实际上是如下的点线图(图8):读者不难看出它们同图5,图6,图7间的关系.

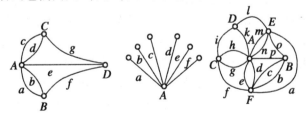

图 8

如果我们把"地方"叫做"顶点","桥"叫做"边",同奇数个桥相通的地方叫"奇顶点",同偶数座桥相通的地方叫"偶顶点",那么哥尼斯堡的河-桥系统就成为一幅点线图,如把"可以走遍每桥恰一次"的点线图叫做一笔画,那么欧拉证明的结果可以表述为:

(1) 点线图奇顶点必有偶数个;

(2) 一笔画的奇顶点个数为 0 或 2,奇顶点个数超过 2 的,一笔画不成;

(3) 连通的且奇顶点个数不超过 2 的点线图必可一笔画成(无奇顶点时,可从任一顶点出发,仍回到这顶点;有两个奇顶点时,从其中一个出发,回到另一个).

对于"数量"的抽象也是如此:先由数数产生自然数,由计数和测量产生实数,对实数可以进行运算,符合几种运算律,可以排序,比大小等等,实数可由具体的数字、符号表示,这时,已抽去了事物的很多性质;继之,我们再抽去"数"这个性质,仅保留它们之间的某些运算和某些运算律,从而构成群、环、域等等,构成抽象代数的内容.

列宁在《哲学笔记》中,深刻地揭示了思维抽象的这种层次性:"由现象到本质,由所谓初级本质到二级本质,这样无限地加深下去,以至无穷."比如,由直观事物抽象出的数学概念,是初级本质,把数学概念作为直观事物再进行抽象,就形成二级本质等等.可见,数学抽象的层次性有两重含义:一是指抽象思维过程是分步骤的;二是指数学抽象物(概念、模型、理论体系等)在结构上是有层次的.我国数学家徐利治等仔细分析了数学抽象的层次性,发现它们可以按抽象程度排成不同的序列,并可用"抽象度"加以描述,从而开创了用"图论"研究数学抽象特性的途径.

第2章 怎样"数学地"思考问题?

Ⅵ. 符号化原则 你应当引进适当的符号系统,依之把问题完整地表述出来,尽可能用符号来思考、操作,弄清这一套符号的规律.

提问或建议是:问题是否关联着一个图形?试画出这个图形;引进一组适当的符号,你能用这一组符号把问题的已知、未知和条件(题设和结论)完整地表述出来吗?你引进的这一组符号合适吗?反映出什么规律?

回顾欧拉求解"七桥(n 桥)问题"的过程,可以看出,欧拉一边对原问题进行数学抽象,抓住实质,确立相应的概念,一边把这些概念用图形和字母表示出来. 我们在第1节阅读欧拉论文的插话中,分析过这个问题,这实际上就是对问题进行符号化处理. 我们在那里还分析了欧拉弄清符号规律、通过符号操作进行思维,并最终解决了 n 桥问题的过程. 易见,如果欧拉不运用符号(图形和字母),要做到这点,是非常困难的. 事实上,回忆我们列方程解应用题的经历,也能印证用数学方法解决问题的抽象化和符号化的过程.

什么是数学符号? 数学符号就是我们常用的图形、字母、记号等等,它们是数学概念、命题、信息、思维的全权代表,是一种物化的载体,它有特定的音、形,可以被直接感知,可以进行操作(构造、观察、实验、排列、运算等等). 符号有两个方面:形式和内容(即能指和所指,代表和被代表),用一事物表示另一事物,前者是形式,是能指,后者是内容,是所指. $\Delta (= b^2 - 4ac)$作为一个符号,它的"形式"是一个小的正立的三角形(一个希腊字母),"内容"呢? 是指二次方程 $ax^2 + bx + c = 0 (a \neq 0)$ 根的判别式 $b^2 - 4ac$. 作为数学

原则与策略

符号,为了使它在不同的场合,对略有变化的音形,能准确无误地辨认,它应满足如下的"同型关系":

ⅰ)自反性:自己和自己相同;

ⅱ)对称性:甲和乙相同,则乙和甲相同;

ⅲ)传递性:甲乙同,乙丙同,则甲丙同.

就是说,在研究一个问题的过程中,同一符号只能表示同一个关系或对象,而不同的关系或对象要用不同的符号来表示,否则,就会引起混乱.对于数学来说,单个的符号是无意的,无用的.为了完整地表示一个数学分支,或一个数学问题,往往要使用一套符号或说一个符号系统,这个符号系统,与被表示的数学问题(分支)之间,有着非常密切的关系(有些类似于"同构"关系),就是说,不仅它的每个符号均对应着问题中的概念或命题等等,而且它的符号的每个有意义的组合,和这些组合的变化推演,也对应着数学问题中某种事项和事项的变化,反之亦然.在"七桥问题"中,欧拉用大写字母 A,B,C,D 表示河岸或岛屿,则 AB 表示"由 A 出发,过桥到 B", ABC 表示"由 A 出发,过桥到 B,再过桥到 C"等等.反之"由 D 出发,过一桥到 B,再过一桥到 A,再过一桥到 C"可以记成 $DBAC$. 而字母串的"结构特征"(AB 或 BA 出现几次, A 出现几次,由多少个字母组成等)将反映问题的要求.

欧拉处理"七桥(n 桥)问题"的符号思维过程,是比较典型的.事实上,在数学地处理任何一个哪怕是小小的实际问题时,都要经历这个思维过程.它可由如下框图(图9)表示:

第 2 章 怎样"数学地"思考问题？

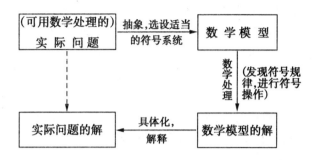

图 9

这就是进行符号思维的基本过程，也就是数学地思考问题的典型过程，是学习和研究数学的人，应逐渐养成的一种思维习惯.

由数学符号（图形、字母和其他记号）形成的数学语言，是科学的、国际性的语言，"是唯一完全国际化的东西". 为了使得"数学思维超越时代与地域，在社会的、政治的及经济的条件之外运行"，就不能使用作为社会和经济条件下的产物，且歧义丛生的自然语言，而不得不创制一种适合进行数学抽象思维的符号语言.

数学符号，其一部分是数学图形（几何图形，图象等）或由图形演化而来的记号（如相等 $=$，平行 $\parallel$，垂直 $\perp$），其另一部分是拉丁字母、希腊字母或新创制的记号，采用"约定俗成"（习惯）或赋义的方式规定下来，或经过适者生存的自然淘汰而留存下来. 还有一部分是由对自然语言改革加工而来，这种改革加工要经历简化、明确、扩充（如变元的使用）的过程，并赋予可运算性.

在初等数学中，通用的符号大约有如下的几类：

①元素符号：数字，表示数的字母. 如 $a,b,c,\cdots$ 表

原则与策略

已知数；c 表常数；e 表自然对数底数 2.718 281 8…；π 表圆周率等；$x,y,z,…$ 表未知数或变数等；大写字母表示点、集合.

②关系符号：$=$，$\equiv$（恒等，同余），$>$，$<$，$\leqslant$，$\backsim$，$\cong$，$\perp$，$/\!/$，$\subset$，$\in$ 等.

③运算符号：$+$，$-$，$\times$，$\div$，$:$（比号），$\cap$，Σ，Π，以及 $()$，$[\,]$，$\{\,\}$（辅助运算符号）等.

④逻辑符号：$\rightarrow$（推出），$\leftrightarrow$（等价），$\forall$（所有的），$\exists$（存在），$\vee$（或），$\wedge$（且），T（真），F（假）等等.

⑤其他符号：$f(x)$ 中的 f（规律，对应法则），∞（无穷大），$\max$（最大），$\ni$ …（其中，等式成立的条件是），"…"（省略号）等等.

由于现有的通用数学符号并不多，不能像自然语言那样的一下子规定各种数学对象和关系的固定符号，因此，在具体处理某个数学问题的时候，除了使用通用符号之外，总还要选设一些临时的、特有的符号，经历一个符号化的过程. 这时，应遵循的原则是：

①必要性：为需要而选设，尽量"节约"；

②明确性：含义要确切、明白；

③和谐性：整套符号各部分间不能互相矛盾，最好要显示出规律性；

④完备性：能完全表示所考虑的问题.

数学符号选设的优劣，直接影响求解过程. 有的问题，一旦"译成了一套好的符号，就是度过了求解的难关. 因为一套好符号，常常能暗示信息，使题目中隐含的规律性昭然若揭，完全展示在我们面前，从而使求解过程江河直下，顺畅无阻. 相反，蹩脚的符号往往使人信息阻塞，思路中断，求解无门.

第2章 怎样"数学地"思考问题?

我们来看一个简单的例子.

古希腊兔子问题. 一个人1月份买一对大兔子. 已知每对大兔子一个月生一对小兔子,小兔子一个月就长大. 问此人1年以后,共有多少对兔子?

[第一种解法](取自1228年出版的斐波那契《算盘书》):

"……一月份此人只有一对兔子,二月份它们生了一对后代,因此,共有2对;其中一对到三月份又生了一对后代,所以在三月份共有3对兔子;其中2对可在下月从事生殖,所以在四月份有两对兔子出生,这个月共有5对兔子;其中3对可在下月生殖后代,所以五月份增加到8对;其中5对在六月份产生后代,所以六月份有13对兔子;其中的8对在下月有生殖能力,所以七月份有21对兔子;再加上八月份出生的13对,共34对;再加上九月份生的21对,共55对;再加上十月份生的34对,共89对;再加上十一月份生的共55对,共144对;再加上十二月份生的89对,共233对;再加上来年一月生的144对,共377对……"

此解法写着吃力,读来更费思索,这是由于他没有用适当的符号,需要边算边记的缘故. 下边用数学符号来试一试.

[第二种解法](方程法):

"设来年1月份,兔子总对数为x,则依题意,得……"

"得"什么呢? 这x与今年1月份的兔子对数的关系,需有12次的变化,怎样去建立? 没办法找,因此,思路中断,此是蹩脚符号,难以为用.

原则与策略

[第三种解法]：

"设第 n 个月兔子对数为 f_n，由于本月大兔对数就等于下个月小兔的对数，所以

$$f_{n+2} = f_{n+1} + f_n \quad (n=1,2,3,\cdots) \quad (*)$$

又 $f_1=1, f_2=2$，于是 $f_3=3, f_4=5, f_5=8, \cdots, f_{13}=377$。"

这里选用的是一族符号 $f_1, f_2, \cdots, f_{13}$。计算起来方便多了。但是由于大兔、小兔数未分开，所以（*）来得有些突然。而且后来有人把数列写成

$$1,1,2,3,5,8,\cdots,144,233,377,\cdots$$

其前边又多了个1，也令人费解（有人解释说：此人买来的实际上是一对小兔子云云）。

[第四种解法]：

设第 n 个月大兔对数为 F_n，小兔对数为 f_n，总数为 u_n，则 $u_n = F_n + f_n$，于是可计算如下（见下表，其中"↘"表生殖，"↗"表示长大）：

月份 n	1	2	3	4	5	6	7	8	9	10	11	12	13
F_n	1	1	2	3	5	8	13	21	34	55	89	144	233
f_n		1	1	2	3	5	8	13	21	34	55	89	144
u_n	1	2	3	5	8	13	21	34	55	89	144	233	377

所以 $u_{13} = 377$（对）。

这里，一方面把大兔、小兔分别按月份用字母表示，于是可以把"生殖小兔"和"小兔长大"等很清楚地表示出来：

$F_n = f_{n+1}$（一对大兔每月生一对小兔）；

$F_{n+1} = F_n + f_n$（小兔一个月就长大）；

$u_n = F_n + f_n$。

依此应用表算，十分清楚省力。且由表中很容易看出（也很容易证明）：$F_{n+2} = F_{n+1} + F_n$，而 f_n, u_n 满足同

样的关系.因此,符号系统$(F_n,f_n,u_n)(n=1,2,3,\cdots)$是完全反映题目的(与题目"同构"),这里显示出它的科学本色.

等差数列问题.等差数列的定义是:一个数列如果从第二项起,每一项减去它前一项的差都等于同一个常数,那么这个数列就叫做等差数列,这个常数叫做公差.

此定义用符号表出:

若数列$\{a_n\}$满足$a_n-a_{n-1}=d$(常数),$n=2,3,4,\cdots$则$\{a_n\}$叫做等差数列,d是公差.

对比一下即知,后者简明,便于应用,且由递推公式立即导出"通项公式"

$$\begin{aligned}a_n &= a_{n-1}+d\\ &=a_{n-2}+2d\\ &=\cdots=a_1+(n-1)d\end{aligned}$$

Ⅶ.严谨化原则 每做一步,都要有根据,要把"猜想"和真命题严格区分开来.

可以这样提问:这一步是正确的吗?若正确,你能证明吗?若不正确,你能举出反例吗?这结论的依据是什么?

有一个流行的诡算题,请读者赏析:

设
$$a=b \qquad ①$$

则
$$a^2=ab \qquad ②$$
$$a^2-b^2=ab-b^2 \qquad ③$$
$$(a+b)(a-b)=(a-b)b \qquad ④$$

所以
$$a+b=b \qquad ⑤$$

$$2b = b \qquad ⑥$$
所以 $\qquad 2 = 1 \qquad ⑦$

前提"设 $a = b$"没有错,可结论是错的,推理中一定有误. 错误在哪里?

出在④→⑤(等式两边除以 $a - b$,也即除以 0),也可能还出在⑥→⑦(若 $b = 0$).

此例错误的"祸根"出在"用 0 去除一个等式两边",违背了'零不能做除数'"的规定. 这同时说明,如违背了这一规定,将会导致"任何两个数相等"这荒唐的结论:

"证明":设 x, y 是任意两个数,则
$$x \cdot 0 = y \cdot 0 = 0 \quad (任何数乘以 0 得 0)$$
所以 $\qquad x = y \quad (两边"约去"0)$

这无论如何,是不能容许的,我们再看一例:

试证:7 能被 3 整除.

"证明":考虑二项式 $x^n - a^n (n \in \mathbf{N}, a \neq 0)$. 命 $x = ay$,则有
$$x^n - a^n = a^n y^n - a^n = a^n (y^n - 1)$$
而 $\qquad a^{n-1}(x - a) = a^{n-1}(ay - a) = a^n(y - 1)$

所以
$$\frac{x^n - a^n}{a^{n-1}(x - a)} = \frac{a^n(y^n - 1)}{a^n(y - 1)} = \frac{y^n - 1}{y - 1}$$
$$= y^{n-1} + y^{n-2} + \cdots + 1$$

即 $x^n - a^n$ 能被 $a^{n-1}(x - a)$ 整除. 现在取 $n = 2, a = 3, x = 4$,则有
$$x^n - a^n = 4^2 - 3^2 = 7$$
$$a^{n-1}(x - a) = 3(4 - 3) = 3$$

因此,7 能被 3 整除,证毕.

结论是错误的,那么,究竟在哪个环节上出了错误?

撇开代换,我们来直接检查一下因式分解的过程

$$x^n - a^n = a^n\left(\frac{x^n}{a^n} - 1\right)$$
$$= a^n\left(\frac{x}{a} - 1\right)\left(\frac{x^{n-1}}{a^{n-1}} + \frac{x^{n-2}}{a^{n-2}} + \cdots + 1\right)$$
$$= a^{n-1}(x-a)\left(\frac{x^{n-1}}{a^{n-1}} + \frac{x^{n-2}}{a^{n-2}} + \cdots + 1\right)$$

如果把 $x^n - a^n$ 看做是 x 和 a 的二元多项式,则

$$\frac{x^{n-1}}{a^{n-1}} + \frac{x^{n-2}}{a^{n-2}} + \cdots + 1$$

不是整式,因此,"$x^n - a^n$ 能被 $a^{n-1}(x-a)$ 整除"是不对的.(因为在那个"证明"中,以 y 代替 $\frac{x}{a}$ 打了马虎眼).那么,"证明"中此后的推理就失去了根据.

但是,若把 $x^n - a^n$ 看成关于 x 的一元多项式,这时, a^n 只是系数,那么"$x^n - a^n$ 能被 $a^{n-1}(x-a)$ 整除"是真命题.但这时,就要考虑"多项式的整除"与"数的整除"间的关系,因为在上述"证明"的最末一步,暗用了如下命题:

若多项式 $f(x)$ 被多项式 $g(x)$ 整除,且 $f(x_0)$ 和 $g(x_0)$ 均为整数,则 $f(x_0)$ 被 $g(x_0)$ 整除.

这是个假命题,反例如下:取 $f(x) = x^2 - 9, g(x) = 3(x-3), x_0 = 5$,则 $f(5) = 16, g(5) = 6$,故 $g(5)$ 不能整除 $f(5)$.

如果说前一例属于"法则性错误"的话,则本例属于"概念性错误",它往往把"根"扎得很深,形成解题者"自己困扰自己"的原因.

原则与策略

有一本为初中生写的小册子《漫谈 ax^2+bx+c》,我们来欣赏其中几段:

二次三项式 ax^2+bx+c 在 $a=0$ 时,就导出它们的特例,而派生出"四个一次型"来,即一次二项式、(一元)一次函数、一元一次方程和一元一次不等式.(第2页)

"四个二次型"的研讨,才是本书的主要宗旨.(第2页).

当 $a\neq 0$ 时,我们利用配方法,可得

$$y = ax^2+bx+c = a\left(x+\frac{b}{2a}\right)^2 - \frac{b^2-4ac}{4a}$$

这个函数的定义域是全体实数,值域也是全体实数(第45页).

特别地,当 $a=0$ 而 $b\neq 0$ 时,二次函数 $y=ax^2+bx+c$ 就变成 $y=bx+c$ 的形式,称为一次函数(第49页).

对这几段文字,我们评析如下:

(1)关于首末两段:通常,凡说到"二次三项式 ax^2+bx+c",就意味着 $a\neq 0$,因此,也就不可能又让 $a=0$ 而"派生出""四个一次型"来.同样,一说"二次函数 $y=ax^2+bx+c$"也就是承认 $a\neq 0$,这时,如果又说"当 $a=0,b\neq 0$ 时……变成 $y=bx+c$ 的形式,称为一次函数",也是自相矛盾的.由于 $a\neq 0$ 是二次函数 $y=ax^2+bx+c$ 的关键性条件,因此,也就不承认一次函数 $y=bx+c$ 是它的特例.实际上,一次函数的性质不可能由二次函数的性质经"特殊化"而推导出来.至于直线同二次曲线有密切关系,可以通过"演化"把它们联系起来,那完全是另一码事;

(2)"四个二次型"在本书中,是指:二次三项式、二次函数、二次方程和二次不等式,人们习惯上简称为"四个二次"(口头用语,未必恰当). 因为"二次型"在数论中是一个专门的名词,如"二元二次型"指的是 $ax^2 + bxy + cy^2$,三元二次型指的是 $ax^2 + by^2 + cz^2 + dxy + exz + fyz$. 因此,这里不宜再另作他用,以免混淆.

(3)第三段中说:"二次函数 $y = ax^2 + bx + c$……的值域也是全体实数",这是不对的. 比如,函数 $y = x^2$ 的值域就是 $[0, +\infty)$,而不是全体实数. 事实上,由配方式

$$y = a\left(x + \frac{b}{2a}\right)^2 + \frac{4ac - b^2}{4a}$$

知,当 $a > 0$ 时,它的值域是 $\left[\frac{4ac - b^2}{4a}, +\infty\right)$,当 $a < 0$ 时,值域是 $\left(-\infty, \frac{4ac - b^2}{4a}\right]$. 因为"值域"作为函数值的集合,乃是指单个函数可能取值的集合,而不是"一类函数可能取值的集合". 书的作者是不是误认为是后者?

这属于通常数学文献中的错误,如果读者以为这还是"太平凡"、"不够味儿"的话,这里还有一宗"重大的",供大家鉴赏.

1989 年,天津科学技术出版社出版了一本名为《数学探秘》的书,1992 年再版. 在该书中,作者不仅一举"解决了"角谷猜想、孪生素数问题、哥德巴赫猜想、费马猜想、四色问题猜想等当今数论中的重大难题,而且"证明了""不存在奇完全数","求出了"相邻素数之差的最大值,为了引起社会对"如此巨大的数学成就"的重视,还写成小说,改编为歌剧演出,以造成社

会舆论,然而"英国伦敦大学数学系及帝国理工学院数学所……终无定论",找到我国"数所高等学府审阅……都无结果","美国著名数学家×××对《数学探秘》一书不以为然",这是为什么?难道数学界麻木不仁了吗?为了弄清事情的原委,我们不必去伦敦,或去美国,也不必去质询我国"数所高等学府",而只须认真拜读一下该书中哪怕一篇文章,也就够了.好,我们要怀着足够的耐心来读:

角谷猜想之二

定理. 任一个自然数,若它是偶数,则除以2,直至为奇数止,若是奇数,则乘3再加1,结果必为偶数,再除以2……如此循序进行,经有限步后,结果必是1,也即进入如下循环圈:

[证]. 假设 $x_1, x_2, \cdots, x_n$ 是 n 个不同的正奇数,其关系式为

$$3x_1 + 1 = 2^{r_1} x_2$$
$$3x_2 + 1 = 2^{r_2} x_3$$
$$\vdots$$
$$3x_n + 1 = 2^{r_n} x_{n+1}$$

现在假定定理不成立,进行 $n(n>1)$ 次推导后,出现循环,即 $x_{n+1} = x_1 \neq 1$……故在 $x_i > 7 \cdot 10^{11}$ 时,不存在循环圈. 角谷猜想之二成立得证.

中间由"……"表示的一段,实在费解,很难读下去,我们只好割爱.好在不读这一段,问题也已经解决,

第2章 怎样"数学地"思考问题?

因即使"……"的推理严格无误,也并未证明结论成立. 因为由"结论不成立"(引文中"定理不成立"是语病)不仅可以导致无1出现的循环圈,而且也可能导致 $x_n \to \infty$. 可见"证明"无效.

本来,在一个"证明"中出点差错,不足为怪. 数学史上这类事情屡见不鲜. 如1852年英国学生葛斯里提出的"四色问题":

地图上有 n 个国家,若每个国家都连成一片,现在要给地图着色,使邻国异色,那么葛斯里猜想:有四种颜色就够了.

1879年,美国的肯普拿出第一个"证明",11年后,被希伍德挑出了错误;1880年,泰特拿出第二个"证明",66年后,塔特构造一个反例,才查出"证明"中的一个引理是假的. 其后,形形色色的"证明"不计其数,均被严谨化要求所否. "费马大定理"的经历也大至如此. 这么复杂的推证过程,由成千上万个形如"因为—所以"的环节构成,出一点错,也是情有可原的. 但出现我们引文中那样简单的形式逻辑错误,却令人吃惊.

但是,绝对的严谨是没有的. 因为所谓"严谨"或"严格",是要靠在公理系统中,从有限个前提出发,经有限步演绎推理构成的证明来保证. 肖文强教授在《数学证明》一书中,在引证了数学史上大量实例之后,不无感慨地说:"可见,数学证明是一项涉及人际关系的活动,是一项社会活动." 在该书"证明与理解"这一节里,他进一步解释说:"数学活动其实是一项错综复杂的活动,不单包含逻辑关系与公理系统,也包含直觉思维,归纳推理,甚至人际交往. 所有从事数学活动的人,包括数学家、应用数学的科技人员,甚至学习数学的大中小学生与教师,都生活在一个共同的数学文化社区里,呼吸着同样的数学空气,不知不觉间获得可以共同分享的信息.""数学既有共同的语言,在这个数学文化社区里,就存在一种自然调节的机制,把重要的、次要的、毫不重要的数学成果区分开来;把正确无误的结果留下,把错误的结果修补或排除;把看似无关的理论统一融合起来,把纷杂的成果精简整理,一代一代传授下去,数学证明是这种调节机制里的一个重要部分."而作为追求数学严谨性的一种方法的数学证明的更大的用途,在于使人通过它去理解命题,因为只有既验证了一个数学证明的每步逻辑推导,又真正洞悉了一连串推导背后的意念,才算真正理解了证明,而只有在这个意义下理解了证明,才算真正理解了要证的命题.

我们来看一个简单的例子.这是一道竞赛题:
同正方形四条边均构成等腰三角形的点有几个?答案是:9个.可是,怎么画也画不出9个,而只能找到"正方形中心"这一个.

这促使反复玩味:"同一条线段构成等腰三角形的点"的含义:

它是线段的中垂线上的点吗?

是的.

它仅仅是中垂线上的点吗?

是的——噢,不是的,还有

于是,画出了图 10 中的(a)继之,画了(b),答案找到了,这时,才深刻地认识到:同线段 AB 构成等腰三角形的点的轨迹,是两圆($\odot A(AB)$ 或 $\odot B(AB)$)一

第 2 章 怎样"数学地"思考问题?

线(AB 的中垂线)除去三个点(A,B,AB 的中点 O)(见图 10(a).

凡此种种,数理哲学家拉卡托斯在《证明与反驳——数学发现的逻辑》一书中,把它归结为数学发展的一个模式,美国两位数学家戴维斯和赫什在《数学经验》这部名著中,把这模式绘成了一个框图(图 11).

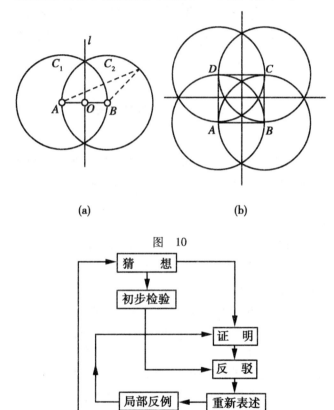

图 10

图 11

这是我们面对一个未加证明的命题(猜想)时,用"严谨化"原则去衡量时的一个完整的思维过程:拿到一个猜想,就试图去证明(用严格性标准去考察,或经初步检验后再证明,或反驳),证完以后,要对证明或命题加以反驳,为此,就须把证明过程或猜想重新表述,这时可能发现一个局部反例或全局反例,如为前者,说明证明过程有误或命题尚可补救,于是要对命题加以局部修改或重证,如为后者,则命题被证伪(推翻).

3. 三条原则的相互关系

通过前面的讨论,我们弄清了在数学地思考问题的过程中,思维应遵循的三条基本原则:抽象化原则、符号化原则和严谨化原则,它们之间有什么关系呢?

我们来看一个实例.

这是在初等数学研究中,一次亲身的经历.一是,想到我们的"平面几何",除了圆之外,研究的"平面图形"都是折线形,不过仅是其中的三角形、四边形中的平行四边形和梯形,圆内接和外切四边形,凸多边形除内外角和定理外,只对其中的正多边形研究较为深入.因此,同"一般折线"相比,现行"平面几何"研究的图形不过是它的千万分之一,可是就有大部头的著作问世.二是,读到我国数学教育家博种孙教授 50 年代写的一篇文章《从五角星谈起》,该文对正星形折线进行了细致的探索.从而萌发了研究"一般折线"的念头.然而,像"乱麻"一样的折线,会有什么"规律"呢?(如

图 12)研究起来又如何下手呢?

经过很长一段时间(大约有两三年吧)的观察思考,终于发现一条漂亮的规律.先看局部,看其中的一条边,比如图 12(a)的边 AB 和 EF,有什么区别呢?易见,AB 的两邻边折向同侧,而 EF 两邻边折向异侧,因此,称 AB 为单折边,而 EF 为双折边.再仔细观察,发现 CD 也是双折边,可又同 EF 有别:如果在两邻边加上向外拉的力,则 CD 向左旋而 EF 向右旋,那么,我们就称 CD 为左旋边而 EF 为右旋边.这种折性是封闭折线每条边都具有的.现在我们转向整体:各种边的分布有什么规律?

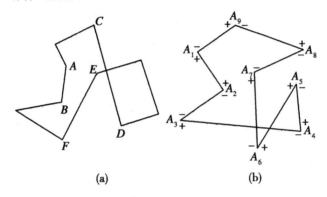

图 12

对图 12(a)所示折线 $AB\cdots FE\cdots A$ 来说,按折性,它边的排列(从 AB 开始)是

单左单右单单单左单右

对图 12(b)来说,边的排列(从 A_1A_2 开始)是

右左单单右单左单单

对于单折边,看不出什么规律,可是双折边看出如下规律:

①有偶数条；
②左旋边和右旋边各占一半；
③（不看单折边）：左右旋边相间排列.

又画了若干条来观察，都有这样的规律，于是我猜想，一般折线都有这样的规律：

封闭折线若有双折边，则有偶数条，左右旋边各半且相间排列.

这是一个漂亮的命题，但仅是猜想，怎样证明呢？

可以这样想：从某顶点出发，沿着折线向前走，如果先向左拐，然后向右拐，这样走过的是一条右旋边，如果继续右拐，那么走的都是单折边，只有左拐，才能是双折边，而且是过了一条左旋边；类似地，下一条双折边就应是右旋边等等. 这样继续下去，走过出发点，因为无论如何，双折边总是左、右旋边相间，所以双折边必定是偶数条.

这能算"证明"吗？有一点意思. 但严格说来只是一种描述，因为话说的既费解又不是句句有明确的依据. 因此，还要设法将这描述加以抽象，并运用适当符号，通过符号操作予以严格的证明.

我们采用"标号法"来证明：

对于边 AB 来说，如从 A 走向 B，通过 B 走向邻边 BC 时，是向左拐弯，则 B 叫做左折点，这时在 AB 边的 B 处标上"$-$"号；若是向右拐弯，称为右折点，标上"$+$"号（当然，分别标上 z 和 y 也可以）. 现在把封闭折线 $A_1A_2\cdots A_n$ 的边按此法标号，那么容易知道：

ⅰ）每个顶点处的两边标号相反；

ⅱ）单折边两端标号相反，双折边两端标号相同；

双负号边（$-$，$-$）为左旋边，双正号边（$+$，$+$）为右旋

第2章 怎样"数学地"思考问题?

边.

记 $a_i = A_i A_{i+1}(i=1,2,\cdots,n,$ 且 $A_{n+1} \equiv A_1)$. 现设封闭折线 $A_1 A_2 \cdots A_n$ 有双折边,如果它仅有一条,不妨设为 a_1,且 $a_1 = (+,+)$,则由标号方法及上述 i)ii),知 $A_1 A_2 \cdots A_n$ 各边标号依次为:$a_1 = (+,+), a_2 = (-,+), \cdots, a_{n-1} = (-,+), a_n = (-,+)$.

但 $a_n = A_n A_1$,可见在顶点 A_1 处,标了两个"+"号,这同 i)矛盾. 因此,$A_1 A_2 \cdots A_n$ 至少有两条双折边.

考虑两条"相邻"双折边 $a_i, a_j (i<j)$:它们之间的边 $a_{i+1}, \cdots, a_{j-1}$ 都是单折边(如在它们之间无单折边,就相当于 $j=i+1$). 如果 $a_i = (+,+)$,则按标号方法及上述 i),ii),有 $a_{i+1} = (-,+), a_{i+2} = (-,+), \cdots, a_{j-1} = (-,+)$.

因此,$a_j = (-,-)$;如果 $a_i = (-,-)$,则可知 $a_j = (+,+)$,这就证明了"左右旋边相间排列"的结论.

现在依次考虑 $a_1, a_2, \cdots, a_n$,设碰到的第一条双折边是 a_{i_1},第二条是 a_{i_2}……最后一条是 a_{i_k} 则 $a_{i_1}, a_{i_2}, \cdots, a_{i_k}$ 是正负[即 $(-,-)$ 与 $(+,+)$]相间的,但 a_{i_1} 与 a_{i_k} "相邻",因此,异号,所以 k 必为偶数. 证毕.

回顾此命题的证明过程,不难看出:

①要想严格地加以证明(严谨化地推理或论述),必须对命题中的概念、关系加以抽象,并赋以适当的符号,因此,抽象和运用符号是严谨化必须的条件;

②为了选设适当的符号,就要对概念、法则等予以明确、严格的定义,从这个意义上讲,严谨化又是符号化必须的条件;

③数学概念是抽象的结果,因此,没有数学抽象,

原则与策略

就谈不上数学符号的使用;

④数学抽象化与符号化的过程,往往同时进行.

因此,数学地思考问题的各项原则,也即反映数学思维特征的三项原则的关系,可由图 13 所示的框图加以描述.

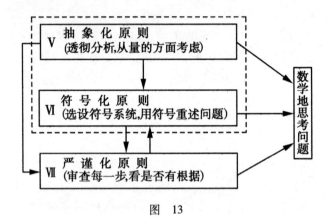

图 13

怎样使思维顺畅地前进?

——思维过程的监控原则

当我们考虑一个问题,"山重水复疑无路",百思莫解时,该怎么办?怎样辨认思维方向的正误、路径的优劣?或者说,为了保证我们思维不中断,不陷入误区,尽可能行进于捷径佳途,我们应当遵循一些什么样的原则?

这就是思维过程的监控问题.从一些典型问题的思考过程,可以归纳出若干原则,我们先来分析两个实例.

第 3 章

1. 一道算术题与一道几何题

有两道一直伴随着作者的常解常新的问题,写出来供大家鉴赏.

一道算术题.大约是在上小学五年级的时候,老师出了一道思考题:

一个老太太提着篮子卖鸡蛋.第一人买去全部鸡蛋的一半零半个;第二人

买去剩下的一半零半个;第三人买去第二人剩下的一半零半个,恰好买完.问老太太篮子里原有多少鸡蛋?

题目新颖别致,马上吸引了我.第一个念头是:(生)鸡蛋怎么能买半个?"噢,对了,那一定是奇数个,多买半个是为了凑整."这就很有意思了:第一个人买剩下的,还是奇数个,第二人买剩下的,仍然是奇数个.这个数是几?试一试:3个?不对;5个?第一人买剩下的是2个,故不对;7个?试试:

第一人买去:$\frac{7}{2}+\frac{1}{2}=4$(个),剩3个;

第二人买去:$\frac{3}{2}+\frac{1}{2}=2$(个),剩1个;

第三人买去:$\frac{1}{2}+\frac{1}{2}=1$(个),剩0个.

正好对了.我把答案告诉老师.

师:答数是7,这是对的.可它是怎样得到的?

我说:是试算出来的.因为"一半零半个"说明,鸡蛋总数和每次剩下的都是奇数个,我试验1,3,5,7,到7,就对了.

师:数小了,可以试,数太大呢?比如,有20个人按同样方式买,最后一人买完了.那怎么试呢?

我说:不好试了,那该怎么办?

师:对数学题,可以先猜猜,试试,可是最终还是要找出一个严格的解法.

放学以后,我又拿出这道题来琢磨:这"一半又半个"是个"破绽",它"意味着什么"现在弄清了,可由此并未想出解法;题中还有什么"破绽"?这时,"第三人……恰好买完"突然引起我的注意:为什么按同样的方式买,前两人买不完,第三个人就给买完了呢?

第3章 怎样使思维顺畅地前进?

噢,是了,第二人剩下的,是1个,一定是一个,否则,就买不完.就是说,第三个人买时,"总数"的一半也就是"1个"的一半是半个,剩下半个,再"多买半个",所以买完了.因此,有

$$鸡蛋总数 = \left[\left(\frac{1}{2} \times 2 + \frac{1}{2}\right) \times 2 + \frac{1}{2}\right] \times 2 = 7(个)$$

为了防止老师追问答不出,我又试算了"四个人恰买完"的情形

$$总数 = \left\{\left[\left(\frac{1}{2} \times 2 + \frac{1}{2}\right) \times 2 + \frac{1}{2}\right] \times 2 + \frac{1}{2}\right\} \times 2$$
$$= 15(个)$$

因 $15 = 7 \times 2 + 1$,我就猜想"五人买完"时是 $15 \times 2 + 1 = 31(个)$. 按上面方法算,果然是31. 心里有底了. 第二天上课,老师组织大家讨论这道思考题. 我先说了自己的解法.

师:对了,抓住最后一个人"恰好买完",确实抓住了关键. 可是,这方法是不是太繁了一点? 有简单的解法吗?

这时,杨永德同学站起来:"我有个解法,没把握."老师说:"你说说看,错了不要紧."

永德:我"借"个鸡蛋放在篮子里,于是第一人买去一半,第二人买去剩下的一半,第三人买去第二人剩下的一半,篮子正好剩一个,还给人家就是了. 列出算式是

$$1 \times 2 \times 2 \times 2 - 1 = 7(个)$$

如果是第四个人买完,那就是

$$1 \times 2 \times 2 \times 2 \times 2 - 1 = 15(个)$$

师:结论是对的,似乎有道理. 可就是为什么:第一

原则与策略

人、第二人买剩下的都是偶数个,这点不好说清楚.

*　　　*　　　*

上了初中,"正式"学习列方程解应用题,我不禁想起了这道"老太太卖鸡蛋"题,先按"我的"方法试一试:投篮子里原有鸡蛋 x 个,依题意

$$x - \left(\frac{1}{2}x + \frac{1}{2}\right) - \left(\frac{1}{2}\left(x - \left(\frac{1}{2}x + \frac{1}{2}\right)\right) + \frac{1}{2}\right) -$$
$$\left(\frac{1}{2}\left(x - \left(\frac{1}{2}x + \frac{1}{2}\right) - \right.\right.$$
$$\left.\left.\left(\frac{1}{2}\left(x - \left(\frac{1}{2}x + \frac{1}{2}\right)\right) + \frac{1}{2}\right)\right) + \frac{1}{2}\right)$$
$$= 0$$

好大一棵树!连括号都要反复使用了!我硬着头皮来解

$$\frac{x}{2} - \frac{1}{2} - \left(\frac{1}{2}\left(\frac{x}{2} - \frac{1}{2}\right) + \frac{1}{2}\right) -$$
$$\left(\frac{1}{2}\left(\frac{1}{2}x - \frac{1}{2} - \left(\frac{1}{2}\left(\frac{x}{2} - \frac{1}{2}\right) + \frac{1}{2}\right)\right) + \frac{1}{2}\right)$$
$$= 0$$

$$\frac{x}{2} - \frac{1}{2} - \left(\frac{1}{4}x + \frac{1}{4}\right) -$$
$$\left(\frac{1}{2}\left(\frac{1}{2}x - \frac{1}{2} - \left(\frac{1}{4}x + \frac{1}{4}\right)\right) + \frac{1}{2}\right) = 0$$

$$\frac{1}{4}x - \frac{3}{4} - \left(\frac{1}{2}\left(\frac{1}{4}x - \frac{3}{4}\right) + \frac{1}{2}\right) = 0$$

$$\frac{1}{4}x - \frac{3}{4} - \left(\frac{1}{8}x + \frac{1}{8}\right) = 0$$

$$\frac{1}{8}x - \frac{7}{8} = 0$$

所以 $\qquad x = 7(个)$

第3章 怎样使思维顺畅地前进?

对了!说明"方程"法确实可顺畅地(不用反过来思考)解这道题,只须顺着题目的叙述"译"出来即可.不足之处是它太长了,比"我的"算术解法长得多.再试试永德同学的方法:设原有 x 个,由于"一半零半个就等于加一个的一半",所以有

$$\frac{x+1}{2}+\frac{x+1}{4}+\frac{x+1}{8}=x$$

$$4x+4+2x+2+x+1=8x$$

$$x=7(个)$$

对了,说明方法可能正确.在这里,第一人买走的个数是 $\frac{x}{2}+\frac{1}{2}=\frac{x+1}{2}$,确实对,第二、第三人买走的个数 $\frac{x+1}{4},\frac{x+1}{8}$ 就不是显然的.只好按"题意"算一算:

第二个人买走: $\frac{1}{2}\left(x-\frac{x+1}{2}\right)+\frac{1}{2}=\frac{x-1}{4}+\frac{1}{2}=\frac{x+1}{4}$(个);

第三个人买走: $\frac{1}{2}\left(x-\frac{x+1}{2}-\frac{x+1}{4}\right)=\frac{x-3}{8}+\frac{1}{2}=\frac{x+1}{8}$(个).

可见方程对了.但是,这并不完全符合永德同学的原意,因为从方程中,导不出她的解法.左思右想,噢,对了,她的方法"正过来"是

$$(x+1)\div 2\div 2\div 2=1$$

所以

$$x=1\times 2\times 2\times 2-1$$

我们前面的计算说明,最后一个人确实买走 $\frac{x+1}{8}$

原则与策略

个,按她的方法,剩下的也是 $\frac{x+1}{8}$ 个,正好等于 1.

问题又一次被解出来了.但是,最后一个解法与算术方法区别不大,且道理似也不甚透彻:余味未尽.可是"余味"是什么?

*　　*　　*

上了高中,学习"数列",有了"递推思想",又想起了这道题:这是按同一方式反复进行的过程,应该能用递推的方法加以处理:设原有鸡蛋 x_0 个,第一、二、三次分别剩下 x_1, x_2, x_3 个,则依题意

$$x_1 = x_0 - \left(\frac{1}{2}x_0 + \frac{1}{2}\right)$$
$$= \frac{1}{2}x_0 - \frac{1}{2}$$

同样有

$$x_2 = \frac{1}{2}x_1 - \frac{1}{2}$$
$$x_3 = \frac{1}{2}x_2 - \frac{1}{2}$$

但是 $x_3 = 0$,即 $\frac{1}{2}x_2 - \frac{1}{2} = 0$,$x_2 = 1$;$\frac{1}{2}x_1 - \frac{1}{2} = 1$,$x_1 = 3$,即

$$\frac{1}{2}x_0 - \frac{1}{2} = 3$$

所以 $\qquad x_0 = 7(个)$

解答得简洁明快,"好大一棵树"没有了,不用任何"反过来想",也没有任何猜测的成分,甚至也无须费尽心机去理解"第三个人买完了,就意味着……"最为可贵的,还在于它显示出简单的规律性(就是 $x_n =$

$\frac{1}{2}x_{n-1}-\frac{1}{2}$ 等等),而且,每增加一个买主,计算量不会增加太多,这使得我们有勇气问鼎一般问题:

一个人卖鸡蛋,第一个买主买去一半零半个,以后每个买主都买剩下的一半零半个,到第 n 个买主买了以后,正好卖完.问原有多少个鸡蛋?每个买主买了多少?

设原有 $S_n = x_0$,第 k 位买走 y_k,剩下 x_k($k = 1, 2, \cdots, n$),按题意,可列出如下"递推方程组"

$$\begin{cases} x_0 = S_n \\ x_n = 0 \\ y_{k+1} = \frac{1}{2}x_k + \frac{1}{2} \quad (k = 0, 1, \cdots, n-1) \\ x_{k+1} + y_{k+1} = x_k \\ S_n = y_1 + y_2 + \cdots + y_n \end{cases}$$

如果求出了数列 $\{x_k\}$,$\{y_k\}$ 的通项公式,问题就算解决.关键是第 3,4 两式.把第 3 式代入第 4 式:$x_{k+1} = x_k - \left(\frac{1}{2}x_k + \frac{1}{2}\right)$,即

$$x_k = 2x_{k+1} + 1$$

由 $x_n = 0$,知 $x_{n-1} = 2x_n + 1 = 1$,从而 $x_{n-2} = 3$,$x_{n-3} = 7\cdots$我们猜想:$x_{n-m} = 2^m - 1$($m = 0, 1, 2, \cdots, n$).这猜想对不对?可用归纳法证明如下:

当 $m = 0$ 时,$x_{n-0} = 2^0 - 1 = 0$,与已知 $x_n = 0$ 相符.

现在假定猜想对 m($0 \leq m \leq n-1$)成立,则

$$\begin{aligned} x_{n-(m+1)} &= 2x_{n-m} + 1 \\ &= 2(2^m - 1) + 1 \\ &= 2^{m+1} - 1 \end{aligned}$$

可见,对 $m+1$ 成立.因此,对任何 m($0 \leq m \leq n$)

原则与策略

都有公式

$$x_{n-m} = 2^m - 1$$

记 $n - m = k$，则得 $\{x_k\}$ 的通项公式

$$x_k = 2^{n-k} - 1 \quad (0 \leqslant k \leqslant n)$$

同时有 $y_k = x_{k-1} - x_k = 2^{n-k+1} - 1 - (2^{n-k} - 1)$，即

$$y_k = 2^{n-k} \quad (k = 1, 2, \cdots, n)$$

$$S_n = x_0 = 2^n - 1$$

我们同时求出了三个数列 $\{x_k\}$，$\{y_k\}$ 和 $\{S_n\}$ 的通项公式.

仔细回味这问题的求解和研究过程,是颇富戏剧性的,它停停打打,随着个人知识的增加,认识的提高和观念的转变(逐渐掌握新的数学思想),一个又一个"先进的"解法出台,这说明了什么呢?

第一,总有某一个"动因",在推波助澜.首先,当求解无门时,一个"破绽"被抓住:生鸡蛋无法买半个(而题目中却安排了"又半个"形成的矛盾就是"破绽"),导出第一个即"试算解法".然而,这不是严谨的数学方法.怎样数学地求解?这促使我们"再抓破绽":"第三人买去一半零半个,正好买完"意味着什么? 回答出这个问题,终于找到一个"正式的"解法.

第二,可是,解法有些烦琐."有无简单的解法?"促使杨永德同学想到一个简解.然而"简解"留下了若干疑点,为以后再回头研究埋下了伏笔.

第三,算术法的逆着想的繁难和疑点,促使我们把"方程法"用于此题,代数法果然帮助澄清了永德同学方法中的疑点.但是按顺畅的思路列出的方程,却是"好大一棵树"时,思维又面临着"调向"问题.

第四,随着旧问题的解决,新的疑窦又生:这种反

第3章 怎样使思维顺畅地前进?

复按同一方式进行的过程,有无更好的方法处理? 这种"反复进行"既是问题规律性特征,为什么会成为解题的负担? 当我们手中没有处理这种过程的合适的思想和工具时,只好暂时"存疑",然而这是一种积极的存疑,一旦时机成熟,就会变成一种动力. 果然,当学了"数列",有了递推思想,会选设先进的(带有下标的字母)符号系统的时候,不仅一举漂亮地解决了原题,而且敢于问鼎一般,完整地解决了一类问题,实际上建立了一个数学模型.

第五,此问题算是"解完"了吗? 若如此,则数学家希尔伯特的如下说法,就不是至理名言了:

数学问题的宝藏是无穷无尽的,一个问题一旦解决,无数新的问题就会代之而起.

麻雀虽小,五脏俱全,希尔伯特阐述的这条数学思维规律在我们这小小的卖鸡蛋问题中,也体现无遗. 事实上,我们可以继续提问题:

①数列$\{x_k\}$,$\{y_k\}$,$\{S_n\}$各有什么特征?

②为什么总是买"一半零半个",买$\frac{q}{p}$零$\frac{r}{t}$个行不行? 若是行的话,对p,q,r,t有什么限制?

第六,我们还要指出,每个新概念的获得、新方法的产生,都是深入挖掘问题的某种特征和对已有解法不断反思的结果. 不进行这样的反思,就无法深入认识问题的特征、"破绽",无法弄清问题的特征被不恰当地使用而形成"负担"的症结,而这些"特征"如用新的思想方法加以处理,本来可带来正面效应的. 我这里好有一比:山上采石要运下山,若手搬肩扛,则石头的重量形成沉重负担;但若修上"滚道"或索道,则其重量就变成动力."同样步骤反复进行",通过"递推式处理"而优化解法,就是化阻力为动力的很好例证.数学中这样的事例太多了.

一道几何题. 1962 年笔者大学毕业,来到喀什二中当数学教师,没想到被喀什二中数学组一道"入组过关题"难住了,这道题是:

给定平面三点,试求一个第四点,使它到已知三点的距离之和最小.

为了弄清题意,把题目用符号表示:设 A,B,C 是平面上的已知三点, X 表示平面任一点,那么题目就是要求一点 X_0,使得

$$l(X_0) = \min l(X)$$
$$= \min(AX + BX + CX)$$

当时我正在"啃"我的老师王世强教授送我的一本书,是美籍匈牙利数学教育家波利亚(G·Pólya)所著《Mathematics and plausible reasoning》的俄文译本(该书现已有两种译本,一本叫《数学与猜想》,一本叫《数学与似真推理》,后一译名较准确).波利亚在书中告诉我一个绝招:面对难题,可以用"限定"的方法,选取它的一些特例来研究,以便从中悟出一般的解法.

首先,考虑三点 A,B,C 共线的情况,这很容易:若 B 在 A,C 之间,则 $X_0 \equiv B, l(X_0) = AC$.

其次,考虑三点不共线的情形. 考虑哪些特例呢? 直角三角形? 等腰三角形? 一点念头都没有. 但是凭直觉,猜想当 $\triangle ABC$ 为等边三角形时, X_0 是它的中心,但不知怎么证. 后来用力学机构模拟,猜想对任意三角形, X_0 可能是同三边的张角都相等的点. 怎样证? 一点念头也没有,只好暂时放下.

第3章 怎样使思维顺畅地前进？

记得当时配合几何教学，大家研究这样一道题：

正三角形内任一点到三边的距离之和为定值.

后来才知道，这个课本中的习题原来是有名的维维安尼定理. 可当时只觉得它挺好，挺有意思的：一个点无论在哪里，到三边距离之和总是个常数，变中的不变！当时反复想出了多种证法，但是当发现如下的面积证法时，大家兴奋不已. 这证法是（图14）：

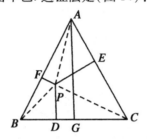

图 14

设 $\triangle ABC$ 的边 $AB = BC = CA = a$，P 为其内任一点，PD, PE, PF 分别是三边垂线，连 PA, PB, PC，则

$$S_{\triangle PBC} + S_{\triangle PCA} + S_{\triangle PAB} = S_{\triangle ABC}$$

设 $AG = h$ 为 $\triangle ABC$ 的高，则

$$\frac{1}{2}a \cdot PD + \frac{1}{2}a \cdot PE + \frac{1}{2}a \cdot PE = \frac{1}{2}ah$$

约去 $\frac{1}{2}a$，得

$$PD + PE + PF = h$$

多么简练明快.

然而令人困惑的是，这内容证法俱佳的漂亮的定理，竟然找不到一个像样的应用！尽管如此，我还是相信：漂亮女孩不愁嫁，英雄必有用武之地. 可是，美妙的应用在哪里？这是1963年的事.

原则与策略

真是岁月如箭,一晃就到了 1969 年的 8 月. 当时我利用暑假期间回故乡宝坻南仁孚探亲. 有一天,母亲烙饼,我帮助烧火,用一根木棍一边往灶膛拨拉柴火,一边在地上随意画着图,说时迟,那时快,突然眼前一亮,"潜伏"在我脑海中达六年之久的两道几何题(三点极值问题和三角形定值问题)突然美妙地结合起来了,我立即放下烧火棍,拿笔在小本上录下了这个珍贵的镜头(如图 15):

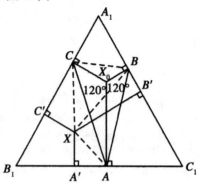

图 15

设在 $\triangle ABC$ 中,点 X_0 满足:$\angle AX_0B = \angle BX_0C = \angle CX_0A = 120°$. 过 A,B,C 分别作 AX_0,BX_0,CX_0 的垂线交出 $\triangle A_1B_1C_1$,由于 A_1,B,X_0,C 四点共圆,$\angle BX_0C = 120°$,故 $\angle A_1 = 60°$,同理 $\angle B_1 = 60°$,$\triangle A_1B_1C_1$ 为正三角形.

在 $\triangle A_1B_1C_1$ 内任取一点 X,分别向三边引垂线 XA',XB',XC',应用正三角形定值性质(维维安尼定理)得

$$l(X_0) = X_0A + X_0B + X_0C = XA' + XB' + XC'$$
$$\leq XA + XB + XC$$
$$= l(X)$$

当且仅当 X 与 X_0 重合时,(混合)不等式中的等式成立. 所以

第3章 怎样使思维顺畅地前进?

$$l(X_0) = \min l(X)$$

多么简练、漂亮、巧妙的证法! 维维安尼定理起到了关键的作用.

可是,当冷静下来,整理这个证法时:出事了! 事情出在:

ⅰ)X_0 点存在吗? 如果存在,怎样求?

ⅱ)说的是:X 是平面 ABC 中任意点,可我们考虑的仅仅是 $\triangle ABC$ 一个外接正三角形 $A_1B_1C_1$ 内的任意点.

这是两个"致命的"问题,解决不好将会"动摇"这个漂亮的证明. 但是 ⅱ)并不难解决,这里不打算写出来(留给读者思考). 对于ⅰ)说明如下:

X_0 既然同 $\triangle ABC$ 三边的张角都是 $120°$(图15),则必有 $\angle A < \angle BX_0C = 120°$,同理 $\angle B < 120°$,$\angle C < 120°$,因此我们的证明只适用于 $\triangle ABC$ 每个角都小于 $120°$ 的情形. 应用等腰三角形的定值性质可以证明,若 $\triangle ABC$ 的一个角,比如 $\angle B \geq 120°$ 时,B 就是 X_0,且 $l(X_0) = l(X)_{\min} = AB + BC$. 至于求 X_0 的问题,对三个角均小于 $120°$ 的 $\triangle ABC$,仅需在其三边上向外侧作正三角形,这三个正三角形外接圆必交于 $\triangle ABC$ 内部一点,容易证明这交点就是 X_0.

后来又知道两件事:一是得知这就是三点费马问题,是法国数学家费马当年用来"将"他的对手"一军"的问题;二是这问题还有一个旋转解法. 而 X_0 是费马点的定值方法证明,是早已被卡瓦列利发现了的. 自己仅仅是个再发现(也许是再再发现). 但是我并不后悔,因为重新发现也是发现,从思维上讲,发现和再发现,只要是独立做出的,就没有本质的差别.

我继续做下去,相继发现了:任意三角形的定值性质,任意凸多边形的定值性质,并以此为工具,一举从理论上解决了加权 n 点费马问题. 当知名编辑王文才先生在其主编的《初等数学论丛》第 7 辑(1983 年 12 月)上以《定值方法与费马问题》发表这些成果时,翻开 60 年代的笔记一看,已经是 20 年过去了!

也许读者会问:是什么促使你在长达 20 年的时间里,不时地回到同一课题? 是什么触发了把两个看似"互不相干"的命题联接起来的灵感? 是什么促使你从一个"漂亮的证明"这"鸡蛋"里挑出了"骨头"? 是什么推动你越过自己关于三点费马问题的"再发现",继续向"加权 n 点费马问题"进军,而不停留在维维安尼定理的证明和三点费马问题的美妙求解上?

现在回忆起来,大约可作如下简略的回答:首先,问题本身的吸引力、挑战性,促使我不断地做、想,在探家的车站、火车上也在思考,终于使储存在头脑中的两个命题,像是相隔一层绝缘薄膜的两个电极,不断充电,增大电位差,达到了一触即发(击穿绝缘膜,开始放电)的状态,而用小棍在地上画图,就成了这一"触". 另外,对两个命题优美性的赞赏,也成了一种驱动力,相信两个优美的命题终将"喜结良缘",是由于直观的信念,应用意识(好的命题必有好的应用);发现和修补证明中的缺漏,是求真求善的意识在发挥着作用. 毛泽东说:"人类总得不断地总结经验,有所发现,有所发明,有所创造,有所前进."应该承认,正是这段曾使我产生强烈共鸣的话,所激起的难以抑制的创造欲望,使思维从特殊走向一般.

2. 思维监控三原则

纵观如上两题的求解过程,不难意识到,我们学习、研究和解题的思维过程,是需要不时地进行调控的. 当我们面对难题,求解无门,或解答既毕,无由进取的时候,思维需要动因;在求解过程中,我们需要时刻了解进度,把握方向;对一条思路,一种方法,既不能浅尝辄止,知难而退,也不能知误不改,一条道跑到黑,这里就有个评估前景,决断进退的问题. 这实际上是对思维的思维、监控问题,心理学谓之"元认知".

如何促发动因、辨明对错,以便迎难而上,坚持有希望的思路;知错立改,果断扭转无望的途径?如何开发题目中的"症结",捕获有关的信息,不断改进方法,进而做出新的发现?我们不厌其详地写出的,如上两题的探索求解过程,是非常典型的,它几乎实际地回答了这里提出的每个问题,甚至更多. 因此,从中不难概括出如下几条思维监控的原则.

Ⅷ. **动因原则** 你应当弄清问题症结,寻求一个好的念头,迈出下一步.

提问的方法是:(题目中的)这一点意味着什么?为什么要这样做?这结果说明了什么?是什么促使你这样做的?

为什么要引进这一概念?是合理的吗?这命题的作用是什么?

动因原则,也叫动力原则,就是要调动有关的积极因素(观念、思想、知识等)使停滞的思维尽快启动,沿着正确方向前进.这种促使人们这样想而不是那样想的动力和原因,有哪一些呢?很多也很复杂,但主要有如下几个方面.

其一是题目的特点和症结.如果在解题中没有思路时,抓住那些看来是矛盾的或似乎是不可能的、违背常识的"显鼻子显眼"的地方提出问题,就可能迈出有希望的步子.比如在"卖鸡蛋问题"中,"生鸡蛋怎么能买半个?""第三个人怎么能全都买去?""同样的方式反复进行意味着什么"等,都成了寻求解法和改进思路的突破口.

其二是求解过程中的种种迹象.如某个中间结果意味着什么?某个条件总是用不上,为什么?某个"很难用上的条件",居然用上了,这是不是好的征兆?

比如,在"卖鸡蛋问题"中,列出了"好大一棵树"式的方程,意味着:"同一方式反复进行的过程"处置不当,预示着新的有效的思想方法;波利亚在他的著作中讲过哥伦布和他的伙伴发现新大陆的故事:当他们几个月来一直在茫茫大洋漂泊的时候,忽然有一天,看到几只海鸟飞过,又发现水面上漂浮的一些木片、草叶,他们意识到这是航船接近陆地的一种迹象,果然,几天以后,他们发现了新大陆.

在"三点费马问题"求解中,由于很难用上的条件 $\angle AX_0B = \angle BX_0C = \angle CX_0A$ 在使外接 $\triangle A_1B_1C_1$ 成为正三角形中起了关键作用(参见图15),而这又是使用维维安尼定理的基本条件,因此,$\triangle A_1B_1C_1$ 就是大有希望的辅助线.事实果然如此.再看一道例题:

如图16,PA 切 $\odot O$ 于 A,D 是 PB 中点,如已知 $EC^2 = ED \cdot EA$,求证:$(1) PA = PD$;$(2) 2CD^2 = ED \cdot$

DA.

拿到此题,有点"丈二和尚——摸不到头脑":要证 $PA=PD$,是"倒边"还是"倒角"?已知条件是边的关系,又有图中切割线,好像应该"倒边",但也有弦切角、圆周角等,"倒角"也有有利条件. 从结论(2)看,由于 $\triangle DCE \sim \triangle DAB$(或用相交弦定理)知 $CD \cdot DB = DE \cdot DA$,因此只要证 $DB = 2CD$. 而这也就是要证 C 是 PD 中点. 但由切割线定理

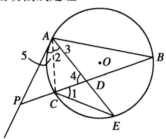

图 16

$PA^2 = PC \cdot PB$

$= PC \cdot 2PD$ (D 是 PB 中点)

如已证得(1) $PA=PD$,则上式化为 $PA=2PC$ 即 $PD=2PC$,即知 C 是 PD 中点,因此,问题是:

怎样从 $EC^2=ED \cdot EA$ 导出 $PA=PD$?

条件 $EC^2=ED \cdot EA$ 不知怎样用,它有点类似"切割线定理"中的结论,但这儿没有恰当的圆. 不过,可仿照切割线定理的证法,化成比例式

$$\frac{EC}{EA}=\frac{ED}{EC}$$

在图16中连 AC,我们看到了什么?一对相似的三角形:$\triangle ECD \sim \triangle EAC$(两组对边对应成比例,$\angle E$ 公用). 于是有 $\angle 1 = \angle 2$(而 $\angle 2$ 是我们要考虑的

∠PAD 的一部分）：这是个好的迹象，因为不仅很难用上的条件（$EC^2 = ED \cdot EA$）用上了，而且由边过渡到角（同我们的问题有关的角）．下面怎么办？

我们要证的是 ∠4 = ∠PAD．

已知是 ∠3 = ∠1 = ∠2, ∠5 = ∠B，行了

$$\angle 4 = \angle 3 + \angle B = \angle 2 + \angle 5 = \angle PAD$$

果然"倒"出来了．一般说来，在圆中，"倒角"往往比"倒边"容易，所以由边的比例式"艰难地"过渡到角，确实是个好迹象．

如上是笔者分析求解此题的真实过程，读者不难自行写出一个严谨的证明．

其三是数学观念．什么是数学观念？就是人们"对数学的基本看法和概括认识，它表现为数学意识，数学思想，数学思维策略等"．它是数学思维的规则与依据．如果我们把人的头脑看做一个信息加工厂的话，那么思维过程就是个对数学信息进行提取、加工、吸收和储存的过程，就是我们（认识主体）对外来信息通过同化（消化吸收）或顺应（改变原认识）来"构建认知"的过程，因此，已有的认知结构（包括知识、观念等）就是加工的工具、方法，建构的蓝图、标准；按张乃达先生的说法，数学观念系统构成数学思维的环境，或说"思维场"，也就是起到了蓝图和标准的作用．而基本的数学观念，包括据以判断的"价值观念"（如推理意识：求真，审美意识：求善求美）和据以指导行动的观念（如抽象意识、转化意识等），我们有的已分析过，有的稍后论述．至于应用意识和创造欲望在推动思维中的作用，常常是"不起眼的"，但由前面对一道算术题和一

道几何题(三点费马问题)求解过程的分析中,不难看出它们的作用是何等持久和不可抗拒. 在数学学习中,坚持进行应用意识和创造欲望的培养,从思维的角度,应当说,是非常重要的.

其四是"文化背景"的影响.

在1996年5月出版的《数学教学》上,有主编张奠宙教授题为《中国数学教育正在走向世界》的文章. 叙述了1996年7月在西班牙古城塞尔维亚,出席第八届国际数学教育大会(ICME—8)的情况,其中有一段话是特别耐人寻味的:

在这次大会上,我们和我国港、台学者,以及邻近国家,如日本、韩国、越南、新加坡等的朋友接触. 大家不约而同地谈到,东南亚数学教育也许有它自己的规律,大量的国际数学教育比较研究表明,东南亚诸国的数学教育成绩远较西方国家为优. 日本、香港、新加坡等国家或地区,在一个权威的国际教育测试(IEA)中,处于第一或第二的位置. 大家也谈到,凡是受过中国传统文化影响的地方,特别是使用过汉字的国家和地区,学生的数学成绩一定都好,无一例外.

这到底是为什么?"中国传统文化的影响"到底怎样促进了学生数学成绩的提高?是不是方块字特别适合于进行数学思维?这些问题,虽然一时弄不清楚,但事实是:我们民族的文化传统,我们的文字,确实影响着我们的数学思维. 一件有趣的事情是,1997年11月,当我与老同学邓旅成教授一块游武汉东湖的磨山楚城时,同他谈到这个问题,他说:

汉字都是图画,从实物抽象而来,还可作为"形

原则与策略

象"物进一步抽象.它的变换组合,兼有形象和抽象的双重优势,有利于人的抽象思维,更有利于人的形象、直觉和创造性思维的锻炼.

  他的见解可能是很有道理的.80年代以来,以知名数学家吴文俊教授为首的一批数学史专家,对中国古代数学思想方法进行了深入研究,王鸿钧等并概括出"中国古代数学思想的主要特点:'经世致用'的实用思想,'天人相应'的神秘思想,算法化、数值化、离散化的计算思想和朴素的辩证思想"等.这虽然还远未回答我们前面提出的问题,但毕竟是中国数学思想史研究的一项成果,而事实上,数学证明中的构造性,更是中国古代数学的一大特征.为了说明这个问题,我们来比较一下欧几里得(《原本》)和赵君卿(即赵爽,《勾股圆方图注》)对勾股定理的证明.

  如图17,(a)是欧氏构图,(b)是赵爽构图(称为"弦图").运用今天的符号,由图17(a),证法是

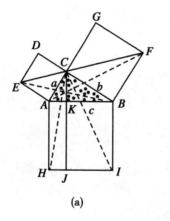
(a)

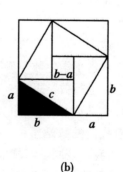
(b)

图 17

$$a^2 + b^2 = S_{AEDC} + S_{BFGC}$$
$$= 2S_{\triangle ACE} + 2S_{\triangle BCF}$$
$$= 2S_{\triangle ABE} + 2S_{\triangle ABF}$$
$$= 2S_{\triangle ACH} + 2S_{\triangle BCI} \quad (\triangle ABF \cong \triangle BCI,等等)$$
$$= S_{AHJK} + S_{BIJK}$$
$$= S_{ABIH}$$
$$= c^2$$

应用图 17(b)的证法有两个,一是应用外层大正方形

$$(a+b)^2 = c^2 + 4 \cdot \frac{1}{2}ab$$

所以 $$a^2 + b^2 = c^2$$

二是应用内层 c 为边的正方形

$$c^2 = 4 \cdot \frac{1}{2}ab + (b-a)^2$$

所以 $$c^2 = a^2 + b^2$$

易见,从构图上看是不同的:欧氏用三角形(同底等高的三角形)进行"面积转移",赵氏则用出入相补;证明过程也不同:前者用等积形和全等形,后者用代数恒等式. 从思维方式看,后者似有更强的构造性. 后世的数学文献中,仿(b)的构图出现了上百幅,可见它有很强的示范性.

其五,对概念必要性、合理性及命题作用的追求,形成一种思维动因.

关于对命题必要性的追求,我们先看一个例子:

小明家距学校 3 千米,小亮家距学校 4 千米,问小明家距小亮家几千米?

此题小学生可解,若①设小明家在学校正西,小亮

家在学校正东或两家都在正东. 可是, ②如一在正南、一在正东. 那怎么办？这时, 初中生可以解, 他们手中有"勾股定理"; 可是③若两家与学校的连线成 α 角, 会怎么样呢？（图 18）事实上, 对前述各种情况综合推广, 它就呼唤着余弦定理. 此是问题呼唤定理.

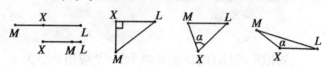

图 18

又如, 立体几何课本上给出直线与平面垂直的定义（如果一条直线与平面上每一条直线垂直, 就说直线和平面垂直）, 现在要立一根旗杆, 怎样保证它与地面垂直？——检测, 看它是否同地面上每一条直线都垂直, 这是办不到的, 因此, 呼唤着判定定理. 此是概念的判定及应用呼唤定理（必要性）.

又如, 课本上定义了 $\sin\alpha = \dfrac{y}{r}$ 等四个三角函数以后, 有一大段文字说明, 那是干什么的？仔细阅读即可知, 那是为了说明所定义的同 α 相关的六个比 $\dfrac{y}{r}, \dfrac{x}{r}, \dfrac{x}{y}, \dfrac{y}{x}, \dfrac{r}{x}, \dfrac{r}{y}$ 都符合 α 的函数的定义, 因而确实是函数. 又如仔细玩味中学数学中的一系列"距离"的定义方法, 它们都是用线段长、垂线段长和公垂线段长来定义, 这保证了它乃是存在而且确定的（合理性）.

在我们的数学学习中, 要使思维深刻和具有批判性, 一个相当不错的方法, 就是追问概念的必要性与合理性（即存在性和确定性）, 命题的必要性和作用. 在数学课堂教学设计中,着意追索、呼唤知识"出场"的必要性、必然性,甚至预见它可能的形态、性质、作用,既符合知识发展的逻辑,又会极大地提高课堂情趣.

Ⅸ.**审美原则** 你应当追求更简洁、完美的结果,寻求更好的解法.

提问的方法是:这结果是否简单、漂亮、合用?这解法是否自然、新奇、巧妙?有无更好的解法?有无更简单的步骤?

本来,审美意识作为数学思维的一种内驱力,它也是推动和调控数学思维的一种动因.由于两个原因,我们把它单独列为一条原则.其一是在若干数学教学文献中,论述肤浅且说不到点子上,而我们的中小学课本,至今只讲"可接受"和"实用",把这两项作为取舍教学内容的硬标准,从而把数学中许多美好的东西加以割裂和删除.比如"黄金分割"这一内容,多年来被踢来踢去,几乎被逐出教材(现在只在"读一读"中残留了一点点).二是比起数学思维的其他动因来,审美意识显得特别的重要,以至于数学方法论的专家们把它看做整个"数学发展(以及科学发展)的内驱动力".

徐本顺、殷启正两位先生在《数学中的美学方法》一书中,引用数学家冯·诺伊曼的话说:

归结到关键的论点:我认为,数学家无论是选择题材还是判断成功的标准,主要都是美学的.

两位先生分析说:任何数学理论和分支,其发展大都经历经验数学、论证数学和纯理性数学三个阶段或层次.其第三阶段乃是一种创造性的由审美因素支配的阶段.

数学美是数学发展的最基本、也是最高层次的规律,正像人类的任何制造物都是由实用(耐用——好

原则与策略

用)向高雅(审美追求)发展一样,数学产品也由实用走向高雅.因此,审美意识就成为数学思维的一条基本原则.

数学审美意识也叫数学美感,这是指审美主体在头脑中对数学审美对象的作用的能动反映.它包括审美意识活动的诸方面,如审美情趣、审美能力、审美观念、审美理想、审美感受等等,表现为对数学信息摄取和加工的一种选择性、倾向性和模式性.

我国金元之际的数学家李冶的《测圆海镜》是一部追求数学美的杰作;明程大位在其"经世致用"的巨著《算法统宗》中,竟也采用朗朗上口、艺术性很高的歌诀,来记述难解易忘的算法算理,如"九归歌"、"因法歌",甚至用美妙的歌诀来表述"中国剩余定理"的一种特殊情形:

  三人同行七十稀,
  五树梅花廿一枝,
  七子团圆正半月,
  除百零五便得知.

七言绝句,富有哲理,寓数于文,巧夺天工,足见文学造诣之深,审美意识之强.我国数学大师陈省身、华罗庚,数学家吴文俊都精诗善文.徐利治教授极力主张数学家要能鉴赏文学作品,他本人酷爱文学,能熟背很多唐诗宋词.在1994年为大学生"周末文学讲座"作讲演时,鉴赏李白的《送孟浩然之广陵》这首名诗:

  故人西辞黄鹤楼,
  烟花三月下扬州.
  孤帆远影碧空尽,
  唯见长江天际流.

第3章 怎样使思维顺畅地前进？

先生不仅赞赏其雄浑、隽永，感慨其细腻、奇巧，而且还难能可贵地从比喻中悟出了形象思维和抽象思维的联结："李白是有变量极限观念的."

徐利治先生在《科学文化人与审美意识》一文中深刻论述了审美意识和数学思维的密切关系：

凡是事物所呈现的某种简单性、对称性、和谐性（秩序性）、统一性与奇异性等特征，在人们的审美意识中都是符合美感的属性，也往往是人们在生活与实践中喜欢去追求或是去创造的东西.进而，作为反映客观事物关系与规律的人脑思维，其本性也总是自觉或半自觉地力求按照上述美的标准（或审美准则）去完成所希冀的"思维产品".

徐先生在给出"创造力公式"

$$创造力 = Y \times F \times C \times S$$

（其中，Y——有效知识量，F——发散思维能力，C——抽象分析能力，S——审美意识）

之后，语重心长地说：

……实际上，数学是一门最美的科学，它对于塑造优美的人性来说，有着意想不到的作用与功效.

正因为数学理论和方法往往高度地、深刻地反映出美的特征，所以很自然地能给人以美的享受，并能使人们在学习研究过程中，潜移默化地遵循数学审美准则去分析问题和解决问题.

这说明了一个人优美的人性和高度的创造力的一致性，做人与做数学的一致性，古今众多知名数学家都是品格高尚的人.华罗庚光辉的一生，就是为祖国、为人民奋斗的一生，在74岁高龄、偃卧病榻的日子里，还写下了一首深情的《述怀》诗，一面怒斥"搬弄是非的

原则与策略

催命鬼",一面表述自己坦荡的胸怀:

    学术权威似浮云,

    百万富翁若敝屣.

    为人民服务,

    鞠躬尽瘁而已.

  数学大师陈省身在作出"我们的希望是在 21 世纪看见中国成为数学大国"这一光辉预见的同时,谆谆嘱托我们:

  要有一支年青的队伍,成员要有抱负,有信心,肯牺牲,不求个人名誉和利益,要超过前人,青出于蓝而胜于蓝.

  X. **反思原则**. 应经常对思维过程和结果进行回顾.

  可以这样提问:这求解过程是否有问题?有无其他解法?有无更好的解法?这方法或结果可能用在别的题目上吗?

  这问题为何总是解不出?它的反面如何?

  反思原则,也叫"回顾"或"解题后的思考",是波利亚《解题表》中所列思维过程的四步曲之一:

  你能否检验这个论证过程?

  你能否用别的方法推导这一结果?

  能一眼看出结果吗?

  你能否把这一结果或方法用于其他题目?

  其实,波利亚要求对解题步骤随时进行回顾.比如,在"拟订方案"这一步,有这样的问句:

  这是一道你解过的题,你能利用它吗?你能用它的结果吗?你能用它的方法吗?

  这些问句,自然属于"搜索性"的,即在寻求解题

第 3 章　怎样使思维顺畅地前进？

思路时检索已有"认知结构"时用的，但是，显然是把"已解过的题"当成"模式"来使用了，因此，也就赋予解题之后一项重要任务：对题目的思路、方法、结果进行检验，评价，有用的，纳入认知结构；典型的，"建构"成解题模式；有深意的，进行开发拓广，引向数学发现．对于久解而无头绪的，不妨过问其反面．因此，这条原则充分反映了解题的目的性和思维的目标性，是一条建设性的原则．

为了深入而具体地理解这一条原则，我们一起来回顾数学大师华罗庚"开发"孙子算题的过程．这自然是对解题中不断进行"反思"的生动有趣的诠释．好，让我们打开《从孙子的神奇妙算谈起》这本精致的小书．华老写道：《孙子算经》有物不知数题原文是：

今有物不知其数，三三数之剩二，五五数之剩三，七七数之剩二，问物几何？

在介绍题目之后，先用"笨"算法：

"原来的问题是：求一数，3 除余 2，5 除余 3，7 除余 2．这问题是太容易回答了，因为 3 除余 2，7 除余 2，则 21 除余 2，而 23 是 3，7 除余 2 的最小数，刚好又是 5 除余 3 的数．所以心算快的人都能算出，我们还是换个例子吧！"

这里，华老做了"第一次反思"：题目过于简单，其特殊性使之难于承载方法的研究，处理的办法，是换题：

我们来试图解决：3 除余 2，5 除余 3，7 除余 4 的问题．先介绍以下笨算法．在算盘上打（或纸上写）2，每次加 3，加成 5 除余 3 的数时，暂停下来；再在这数上每次加 15，得到 7 除余 4 的数时，就是答数．具体地

原则与策略

是:

 2,2+3=5,5+3=8;
 8,8+15=23,23+15=38,38+15=53.

 这是第一个7除余4的数,可见,53就是解答:经验算,确实3除余2,5除余3,7除余4.

 对此,华老做出"第二次反思":

 方法的道理是什么?很简单:先从3除余2的数中,去找5除余3的数,再从"3除余2,5除余3"的数中,去找7除余4的数,如此而已.这方法虽然很笨,但这是一个步步能行的方法,是一个值得推荐的、朴素的方法.

 这是对方法的根据进行回顾、追查,并对方法作评论,给出评价方法的一条标准:自然、朴素,人人想得到,人人做得到(这是方法的优点).然后继续回顾:一是看出53并不是唯一答案,因为158,263等也适合题意,因而,题目若改为"求三除余二,五除余三,七除余四的最小正整数",答案53就是唯一的了;二是再换题,考验这"朴素"的笨算法.这题是:

 求三除适尽,五除余二,七除余四的数.

 结果发现:算来很麻烦,几次试算之后,发现从大除数出发会快些.但这方法毕竟比较麻烦,而且没有揭示出问题的规律性.于是华老做出:

 第三次反思:还有别的方法吗?有更好的方法吗?

 这一问,使华老联想到程大位在《算法统宗》上给出的口诀(我们在本章论述"审美原则"时,也曾提到它):

 三人同行七十稀,五树梅花廿一枝,
 七子团圆正半月,除百零五便得知.

第3章 怎样使思维顺畅地前进?

华老说:

它的意义是:用70乘3除的余数,21乘5除的余数,15乘7除的余数,然后总加起来,如果它大于105,则减去105,还大再减……最后得出来的正整数就是答数了.以孙子算经上的例子来说明,它的形式是

$$2\times70+3\times21+2\times15=233$$

两次减去105,得23.这就是答数了!

第四次反思:为什么70,21,15有如此妙用?这70,21,15是怎样求出来的?通过分析,弄清了:70是这样一个数,3除余1,5与7都除得尽,所以$70a$是3除余a而5和7都除得尽的数,类似地$21b$是5除余b,3和7都除得尽的数,$15c$是7除余c,3与5都除得尽的数.总起来

$$70a+21b+15c$$

就是3除余a,5除余b,7除余c的数;继之,再用"不定方程"和辗转相除法找到70,21,15的求法之后,终于"破译"了程氏歌诀由来的秘密.于是进行:

第五次反思:(70,21,15)法给我们提供了一个数学上很有用的原则和方法.于是华老继而联想到此"原则"在函数插值、多项式的"神奇妙算"、复整数、多变数内插、同余式和一次不定方程求解等诸多方面的极为精彩的应用之后,给出了一个有广泛应用的数学模型:

要做出有性质A,B,C的一个数学结构,而性质A,B,C的变化又能用数据(或某种量)α,β,γ来刻画,我们可用标准"单因子构件"凑成整个结构的方法:也就是先作出性质B,C不发生作用而性质A取单位量的构件,再作出性质C,A不发生作用而性质B取单位

量的构件,最后,再作出性质 A,B 不发生作用而性质 C 取单位量的构件,而所要求的结构可由这些构件凑出来.

由此可见,"反思过程"也就是个研究探索的过程,是对题目和解法进行深入开发的过程,是个建立数学模型,甚至概括数学方法论基本原理的过程. 这样看来,华老这本《从孙子的神奇妙算谈起》,则就不仅是数学书,而且是通过数学讲思维、讲方法的精彩著作.

按照由皮亚杰和格拉斯菲尔德等人提出的"建构学说",人类认识(学习、研究等)的实质是一种建构活动,所有知识都是被建构出来的,而建构要通过反思、抽象过程来实现,已有认知结构加工外来信息,外来信息又反作用于认知结构.

什么是数学认知结构? 这是指在认识主体的头脑里按其理解的深度、广度,结合感觉、知觉、记忆、联想等组合成的一个有内部规律的、有层次的数学知识和观念的体系. 这种认知结构既有个体性,即同样的数学知识在不同的人的头脑中有着不同的图式;又有社会性,即学生数学知识的建构,不单是个体行为,它还有整个"数学共同体"的影响,而且也是师生"学习共同体"的行为. 它既有稳定性,即在一定的时期内,保持结构的相对稳定,特别是在观念上保持稳定;又有动态性,即随着学习、研究活动的进行而不断变化、发展,经历着一个不断分化、改组的重构过程. 它是数学知识、数学活动和个性心理特征相互作用反映在认知主体头脑中的综合产物.

那么,数学学习(研究)的一般思维过程就可用如下框图(图19)来表示:

第3章 怎样使思维顺畅地前进?

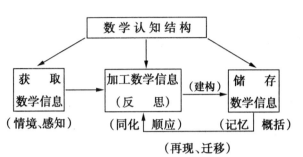

图 19

这里来解释一下"建构"的两种基本形式:同化和顺应.所谓同化,就是把新知识改造,容纳到已有的认知结构中,这些新知识自然是同已有认知结构相一致、相协调的知识;所谓顺应,就是对那些与已有认知结构不协调的知识,为了吸收这些新知识,就要改造、调整已有认知结构.比如,学习了"平面几何",自然就建立了相应的认知结构.当面对"立体几何"的知识时,就有两种情况.比如"三线平行定理",是与平几中的同样定理($a /\!/ b, b /\!/ c \Rightarrow a /\!/ c$)相一致的(只是证法不同),那么采用"同化"法吸收了就是了.而对于"同垂直于一条直线的两条直线互相平行",到立几中不再成立,那么,一方面要把它改成:"在同一平面内,同垂……"然后再吸收"同垂直于一个平面的两条直线必平行".总之,先改造(已有认知结构的某部分),再吸收,这就是顺应.

另外,在华老研究"孙子问题"的多次反思中,还透露出对"解法"的评价标准的深刻见解.仔细玩味华老的见解,是否可概括出评价数学方法的如下标准:

(1)严格的并且是简单的;

(2)初等的且富有新意的(即通过求解或证明,加

深了对题目的认识);

(3) 尽可能是构造性的;

(4) 自然的,人人可以想到的;

(5) 便于推广使用的(甚至能概括出新的原则和方法的).

3. 思维过程监控诸原则的关系

如果我们的思维过程发生了停滞现象或偏离了合理的轨道,那么它是无因不动,不调不正. 因此,我们总是要一边思维,一边对思维过程进行思维,对思维过程进行监督、推动、调整. 这种对数学思维过程的调整控制,有一定的规律,有明显的特点,因此也就要遵从一定的原则. 而这些原则又绝不是相互孤立的. 其关系可用如图 20 所示的框图表示:

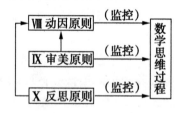

图 20

框图表明,审美和反思实际上也是一种动因,因此,它们除了直接监控思维过程以外,有时,也起一种"动因"的作用. 在实际的思维过程中,往往停停启启,偏偏正正,反复进行. 动因机制是非常复杂的,在很多情形下,是一种多因素综合推动和调控的局面. 有机会

第 3 章　怎样使思维顺畅地前进？

读一下我们引述的华老著作的原文,或者找几道"适当的"(略微复杂、深沉一点)的题目,研究求解,仔细跟踪(记录、反思)自己的探索过程,就不难领会这里的叙述.

第二部分

中学数学思维策略

常规思维策略

我们的第一个建议是：你应当首先完整地学会常规思维.

你想学好数学吗？你想进行正常的数学思维,有一个好的数学头脑吗？那么我们的第一个建议是:你要下决心完整地学会常规思维,养成良好的思维习惯,掌握常规思维策略.

1. 从波利亚的"解题表"谈起

对于数学来说,"常规思维策略"是什么？就是波利亚拟订的《解题表》：

《解题表》
弄清题意

第一,你必须弄清题意.

未知的是什么？已知的是什么？条件是什么？

条件可能被满足吗？要确定

原则与策略

未知元素,条件充分吗?是否有多余?是否有矛盾?

画出图形;引进适当的符号.

把条件分成几部分.你能把它们写出来吗?

拟订方案

第二,寻求已知与未知间的联系.如找不出直接联系,就考虑辅助问题.

你以前见过此题吗?是否见过形式上稍有不同的题目?

你是否知道与此有关的题目?是否知道可能用得上的定理?

注意未知元素!试考虑一个具有相同或类似未知元素的较熟悉的题目.

这是一个与你的题目有关且已解出的题目,你能用它吗?你能用它的结果吗?能用它的方法吗?为了用它,能否引入辅助元素?

你能否重述此题?能用别的方法重述吗?

回到定义.

如果你不能解这道题,可先解一道有关题.你能否想出一个较易下手的有关题?一个较一般的题?一个较特殊的题?一个类似的题?

你能解此题的一部分吗?仅保留部分条件未知能确定到什么程度?它可能怎样变?能否从已知导出一些有用的东西?能否想出可用来确定未知的其他已知元素?如需要,能否变换未知或已知(或两者),使它们更接近?

你是否用了全部已知?是否用了全部条件?是否考虑了包含在题目中的全部必须的概念?

第4章 常规思维策略

执行方案

第三,执行你的方案.

执行你的方案,检查每个步骤.

你能否清楚地看出这一步是正确的?你能否证明这一步是正确的?

回　顾

第四,检验你得到的解.

你能否检验这证明过程?能否用别的方法导出这一结果?能一眼看出结果吗?

你能不能把这一结果或方法用于其他题目?

波利亚研制的这张《解题表》,紧紧扣住了人们解题的共同思维过程,正常人解题,确实是按这四个步骤行事的:

你要解此题吗?那么自然要先把题意搞清楚.

"题意"指什么?已知、未知、条件三部分(这是对"求解题"来说的.对于"证明题",则是"题设"和"结论",在我国现行中学课本里,写成"已知"和"求证").要弄清这三部分,不仅要反复读题,搞清每句话的含义,明确已知、未知中的相关概念,还要结合图形、符号,对条件加以检验,看条件是否恰当,能否被满足,使得图形、符号、数字等数学对象跃然纸上,为进入下一步打好基础.

题意弄清以后,就要想一想:打算怎样解?这就是拟订方案.拟订方案通常也叫寻求解题思路或途径,也就是设想一种解、证的方法,构思一条(直接或间接)联系已知、未知的逻辑通路.在解题中,这拟订方案的过程常常表现为分析探索的过程.这时,实际的考虑过程是这样的:若见过有关题或可用的定理、法则、公式,可立即进入下一步(求解);否则,回想一个具有相同或类似未知的题目,如有,进入下一步;否则,改换表述方法、变形或先考虑特例,或一部分,或对已知、未知加以变换,使它们靠拢,当面对题没有任何思路或念头时,要再三问自己:全部已知都用上了吗? 全部条件都考虑了吗? 全部有关概念都明白且引申了吗?

寻找思路,捕捉念头,拟订方案,是解题的关键步骤,在这一步中,每前进一步,都要有一个动因,一个促使人这样想、这样做的推动力或"提示",而表中所列每个问题或建议,都是这样的动因.

有了方案、思路,就要迅速行动,把它具体地实现出来,要求清楚、严谨、完整. 有一个想法固然不易,把想法实现出来也很不容易,这要扎扎实实的基本功,还要有良好的习惯. 有人思路对头却解不出,有人会做却弄错,就是基本技能差(一看就懂,一想就会,一做就错,甚至图形画不好,字迹潦草,布局零乱)或不良习惯(慌乱紧张,工作无序,注意力不集中)所致. 至于知识遗忘,推理失据,杜撰"理由",以猜代证等,则是两者的综合表现.

第三步常与第二步交叉进行:有了大体正确的思路,就要试试看,不通再返回修订方案,再试行,直至若干"回合",这种分析探索和综合求解的交叉反复,构成了解题思维的主要过程.

如前三步是做饭吃饭,那么第四步"回顾"就是"消化吸收",把解题所获,纳入我们的认知结构,这是正常的思维过程所必不可少的. 回顾包括:自行检验求解过程,以保证正确无误,这是精细、认真、负责的表现;尽可能用多种方法推证同一结果,一题多解,不仅

可以相互比较,增强对解的正确性的信心,而且能开阔思路,改进解证过程,寻求好解、妙解、简解、有可能推广使用的解,这是学习、研究、积累的重要途径,而"一眼看出"结果,则是数学洞察力的表现,也是我们应培养的思维能力之一. 我们解题,是为了掌握知识、技能技巧,改善我们的数学认知结构. 储备一定的数学模式(思维"反应块"),一定的题型,以便在必要时像"集成电路"一样成块地搬用(或变通运用)于其他题目,正是加速思维的需要,也体现了数学思维的一种重要特征. 而所谓"其他题目"可以是未遇到过的,也可能是曾遇到而未曾解出或解法欠佳的. 当我们把一种新法用于旧题时,无形中把新旧挂钩,改进了自己认知结构的逻辑素质. 对解题过程的回顾,还包括对题目本身的变化. 而这种变化主要指推广、限定、类比等等,这样做,是要开辟一条走向数学发现的途径. 此话题只好留待"归纳思维策略"一节去说了.

我们的学习时间是有限的,在解题中,没有可能也没有必要对每道题的求解过程,都做到如此全面、深入的回顾. 但是,完全不予"回顾","一交了事"的解题是意义不大的. 而这种现象在解题活动中,却常常出现. 按传统,"学生做作业,老师判作业",乃天经地义,若有哪位教师提出让"学生自判作业",则必被认为是违反学校"规定",轻者受批评,重者扣"奖金". 可是,大量的实验研究说明,这判题(检验、回顾、反思)具有极高的训练价值,缺少这一环节的"解题",绝然达不到预期的目标.

通过上述说明,我们一定初步领略了波利亚《解题表》的风采. 此表中的解题四步骤形成的解题思维反馈网络,可用图 21 所示的框图表示.

原则与策略

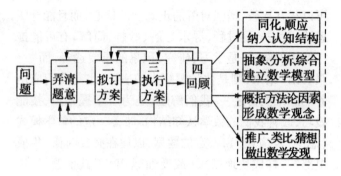

图 21

在这个网络中,每一步到前面的步骤都可能产生必要的反馈,而在步骤二、三间的超短反馈,形成解题思维活动的核心,它反映了面对较为复杂的题目,往往使这两步反复交叉进行的实际情况. 由于到了"回顾"阶段,面对解题的结果,自然担负全面检验正误优劣的任务,对于前面包括"弄清题意"在内的每一步,都须进行适当反思,因此形成最大回路.

对于由四步构成的这个解题思维网络,波利亚称之为"一般解题方法",后来,当波利亚在反复研究和运用过程中,发现它不仅适用于解数学题,而且实际上是描述了解决人们面临的任何问题的思维过程的时候,终于意识到它的一般的认识论的价值,通过进一步把"问题"作广义理解,也就成为"解决一般问题的方法",从而,把在数学教学中帮助学生全面领会和熟练运用这张《解题表》,叫做"教会思考","教常识",甚至认为是"一般文化素养"的提高,因此,我们也就顺理成章地把波利亚《解题表》叫做中学数学的常规思维策略,说明牢固掌握它,灵活运用它,就像一个人学会走路、说话那样基本、重要!

2. "急转弯"与多发病

前一段时间,社会上流行着很多"脑筋急转弯"的智力题,其中有一些,从内容上看,还说得过去,比如:

问:青蛙跳得比树高,为什么?

答:因为树不会跳.

问:小明的妈妈有三个孩子,老大叫小光,老二叫小亮,老三叫什么?

答:小明.

它们可以培养孩子认真、周到、精细的思维习惯和快速反应能力. 但也出现了许多胡编乱造、荒诞不经的东西,引起了教育界和新闻媒体的严重关切. 这类"脑筋急转弯"的题目,其基本特点,就是逆逻辑常识之"道"而行之,是在前提和结论之间,没有必然的逻辑联系,而正像某些相声里所揭示的:越不着边际越"正确",是彻底的"答非所问". 还有"酒席桌上的逻辑",无论前提是什么,结论都是"喝酒":

咱俩初次见——干一杯,

咱俩不是初次见——干一杯

还有如电视剧《宰相刘罗锅》里揭露的现象:

说是就是,不是也是;

说不是就不是,是也不是.

当然,这些"吃喝逻辑"、"强权逻辑",已远远不是数学思维领域的事了.

在近年的解题和数学思维的研究中,为了强调"创造性思维"和"思维的灵活性",出现了一种否定常

原则与策略

规思维和思维定式的倾向,似乎见了一道题,只有"灵活"运用定理公式法则,拿出机巧特别的解法,才是弥足珍贵的. 比如对公式

$$\sin(\alpha+\beta) = \sin\alpha\cos\beta + \cos\alpha\sin\beta$$

似乎只有逆用

$$\sin 15°\cos 30° + \cos 15°\sin 30°$$
$$= \sin(15° + 30°)$$
$$= \sin 45° = \frac{\sqrt{2}}{2}$$

才算好,才值得称道,而漠不关心它的"顺用",有意无意贬低它的"展开"功能. 又如"空间问题化为平面问题求解",乃是一般的思维规律,是十分重要的思维策略. 可是对于如下题目:

在 $\triangle ABC$ 中,$AB = \sqrt{a^2+b^2}$,$BC = \sqrt{b^2+c^2}$,$CA = \sqrt{c^2+a^2}$,求其面积.

有人却以"海仑公式计算很繁"为由,设计了一种"非常规算法":

略解. 以 a,b,c 为棱构造直角四面体(图22).

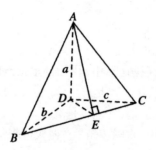

图 22

其中 AD,BD,CD 两两垂直,长分别为 a,b,c,则有

$$AB = \sqrt{a^2 + b^2}, BC = \sqrt{b^2 + c^2}$$
$$CA = \sqrt{c^2 + a^2}$$

作 $AE \perp BC$ 于 E,连 DE,由三垂线逆定理,知 $DE \perp BC$,从而

$$S_{\triangle BCD} = \frac{1}{2}bc = \frac{1}{2}DE \cdot BC = \frac{1}{2}DE \cdot \sqrt{b^2 + c^2}$$

解得 $DE = bc/\sqrt{b^2 + c^2}$. 又因 $AD \perp BD, AD \perp CD$,故 $AD \perp$ 平面 BCD,所以 $\angle ADE = 90°$,由勾股定理解得

$$AE = \sqrt{\frac{a^2b^2 + b^2c^2 + c^2a^2}{b^2 + c^2}}$$

$$S_{\triangle ABC} = \frac{1}{2}AE \cdot BC = \frac{1}{2}\sqrt{a^2b^2 + b^2c^2 + c^2a^2}$$

这真可谓"大炮轰苍蝇"！不是吗？你看,在这个小题的仅仅是"略解"中,已用了诸如勾股定理、线面垂直的定义及判定定理,三垂线定理的逆定理,三角形面积的"底–高"公式等等. 其实,"省略"了不少步骤,如在引用三垂线逆定理之前,就应有论证 $AD \perp$ 平面 BCD 的过程等等. 而由于引用了立体几何知识,弄得没有学过立体几何的人,难以"享用". 其实,按常规解法(方程法)既不难也不繁:如图 23 所示,作高 h,记

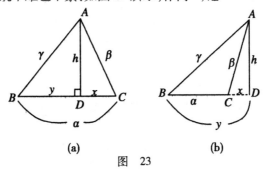

图 23

$$\alpha = BC = \sqrt{b^2 + c^2}$$
$$\beta = CA = \sqrt{c^2 + a^2}$$
$$\gamma = AB = \sqrt{a^2 + b^2}$$

$BD = y, CD = x$,则由(a)得
$$\begin{cases} \beta^2 - x^2 = h^2 = \gamma^2 - y^2 \\ x + y = \alpha \end{cases}$$

于是有
$$x^2 - y^2 = c^2 - b^2, x + y = \alpha$$

所以
$$x - y = \frac{c^2 - b^2}{\alpha} = \frac{c^2 - b^2}{\sqrt{b^2 + c^2}}$$

$$x = \frac{1}{2}\left(\frac{c^2 - b^2}{\sqrt{b^2 + c^2}} + \sqrt{b^2 + c^2}\right) = \frac{c^2}{\sqrt{b^2 + c^2}}$$

$$h^2 = \beta^2 - x^2 = \frac{a^2 b^2 + b^2 c^2 + c^2 a^2}{b^2 + c^2}$$

所以 $S_{\triangle ABC} = \frac{1}{2}\alpha h = \frac{1}{2}\sqrt{a^2 b^2 + b^2 c^2 + c^2 a^2}$

对于图(b)列出的方程组是 $\gamma^2 - y^2 = h^2 = \beta^2 - x^2$,$y - x = \alpha$,读者不难自行计算(结果 $x < 0$,从而知不存在这种情形,于是就只剩下(a)这一种情形). 在此解法中,只用了勾股定理和解方程组的简单知识,是初中生人人可以想得到、办得到的. 至于"海仑公式",若注意到它的另一形式

$$16 S^2_{\triangle ABC} = 2a^2 b^2 + 2b^2 c^2 + 2c^2 a^2 - a^4 - b^4 - c^4$$

则直接代入计算也不是什么难事了. 可见,轻易否定"常规"思维方法,是没有道理的,也是有害的.

下面我们来说一说,由于"常规思维"能力不足或缺乏良好的常规思维习惯而形成数学"学习病"的问

第4章 常规思维策略

题.这是一种常见病、多发病.

过伯祥先生有一本"雪中送炭"的小书《怎样学好数学》,写得精彩而深沉.在这本书的第二章"解题的四个阶段"中,在略述了"四个阶段"之后,说:

课堂教学上不是每讲一个例题、公式或定理,都要有这么一个完整的过程.完全可以根据问题的特点、教学的需要,各有侧重.但是,如果一个教师在一段长时间的教学过程中,总是残缺某个阶段,比如了解问题的阶段或回顾解答的阶段,那么他大多数学生的发展终将因这种残缺带来似乎是看不清楚也说不明白的影响与危害,并在某个时候以某种形式神不知鬼不觉的顽强地表现出来.

这种神不知鬼不觉地表现出来的,就是说不清道不明的学习病,笔者在教学中,在咨询辅导过的学生中,见过的真是太多了.

关于忽视第一步("弄清题意")的症状,是对题目草草一看,就立即反映出"会"还是"不会",不会的立即去问别人,然后按别人说的一写了事.笔者在"临床"碰到过这样的情形:几个学生来问问题,我就让他们把题意讲解一遍,反问他们:这意味着什么?这说明什么?当把题意弄清之后,他们马上说:呵,老师,我们会了.可见,困扰他们的主要是题意不明.

另外,也有不知"题意"为何物的情况.有一次听一位老师上习题课,讲的是应用题,他先把题目大声读一句,然后再小声重复一句,这样重复完了,题意就算"弄清"了.

说到这里,可能仍有人不以为然.好,我们来看几个例子.

原则与策略

第一例 一块矩形木板,截去一角,还剩几个角?

甲:因 4-1=3,还剩 3 个;

乙:不对,这不是减法,应当是 5 个;

丙:也可能是 4 个.

丁:你们各说了一种情况.根据不同的截法,可能剩下 3 个、4 个或 5 个(如图 24 所示).

戊:甲、乙、丙都没有把题意完全弄清楚:甲以为就是个"减法",乙反驳了他,但没有弄清他说的也有合理的方面,而且误认为就是按图 24(c)所示的方法截;丙又想到一种方法,这是难能可贵的. 只有丁,才完全弄清,按截法不同,可能会有三种不同的答案. 这里,题意不明是由于不知把实际问题抽象成何种数学问题.

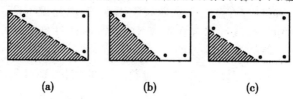

(a)　　　　(b)　　　　(c)

图 24

第二例 平面上不存在两两互相垂直的三条直线.试证明之.

问:题设是什么?结论是什么?

甲:?

乙:我想,可能是一个平面,上面有三条直线……

丙:不对,明明是说"没有"、"不存在"……

丁:乙说对了一部分. 因为此题说详细一点就是:在同一平面的所有直线中,任何三条都不会有这样的性质:它们中的每两条都互相垂直.

戊:丁说得对,解释得很清楚. 而且为用反证法证明创造了条件:在同一平面中,若有直线 l_1,l_2,l_3,且 $l_1 \perp l_2, l_2 \perp l_3, l_3 \perp l_1$,则……这里题意难明是由于题目表述中的省略和简化.

丁:虽然这样说,可我感到题意仍然是模糊不清的.因为我不知道,怎么就不会有"这样的"三条直线.

丙:那可以从反面理解一下.

甲:干脆用反证法证明一下看:设有同一平面上的三条直线 l_1,l_2,l_3 满足:$l_1 \perp l_2, l_2 \perp l_3, l_3 \perp l_1$,那么有两种可能:

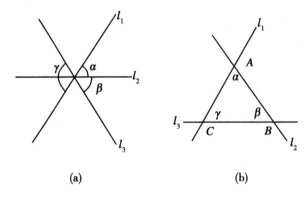

图 25

ⅰ)l_1,l_2,l_3 交于一点 A(图 25(a)),由已知 $\alpha = 90°, \beta = 90°, \gamma = 90°$,但 $\gamma = \alpha + \beta$,矛盾.

ⅱ)l_1,l_2,l_3 交于三点 A,B,C(图 25(b)),则 $\triangle ABC$ 三内角 α,β,γ 都是直角,这不可能.

丙:原来是这样,若存在两两垂直的三条直线的话,就会造成很多的矛盾.这样确实加深了对题意的理解.

丁:可是为什么不会出现"正好交于两点"的情形呢?

甲：这不难理解：假若图 25(b) 中的 B,C 两点重合成点 D，那么 D 必同时在 l_1,l_2,l_3 上，就是说 A 也必定与 D 重合．

乙：这很麻烦，我有个"一步到位"的证法：因 $l_1 \perp l_3$，$l_2 \perp l_3$，所以 $l_1 /\!/ l_2$，与 $l_1 \perp l_2$ 矛盾．

可见，题意的真正透彻的理解，往往需要推导或证明．这也是图 21 所示框图中，由"三"到"一"的反馈箭头的一层含义，而不完全是"解不出，再进一步弄清题意"的意思．

再看一个例子．

第三例 将 $2k$ 个钱币放在 $2n-1$ 个杯子里，每个杯中只能放奇数个，应该怎样放？

问：已知的是什么？要求的是什么？条件是什么？

甲：已知有 $2k$ 个钱币，$2n-1$ 只杯子，要求的是一种往杯子里分配钱币的方法．条件是每个杯子里只能放奇数个．

丁：似乎清楚了，但又好像有矛盾：奇数个杯子，每个里边放奇数个钱币，可能吗？因为"奇数个奇数的和，仍是奇数"，而钱币总数 $2k$ 是个偶数．要么，这不是个整数"分拆"的问题．这样一想，就又不清楚了．

丙：可做几个具体的例子看看，设 $n=1,k=1$，就是"两枚钱币放在一只杯子里"，"每只杯子放奇数个"．这显然是矛盾的．$n=1$ 大约总是不行．

设 $n=2,k=1$，就是"两枚钱币放在三只杯子里，限每只杯中放奇数个"，问怎样放？

乙（抢着说）：噢，可以的，就是"杯子有大小，把一只小杯子放进大杯子，如图 26(a) 的放法，就可以了"．

丁：可是，题目中没说杯子有大有小哇．

乙：但也没说"一定是一样大的杯子"呀，那就是说"怎么都可以"，如果要认为"一定是一样大的"，那就是我们不自觉地给题目附加的条件，是"作茧自缚".

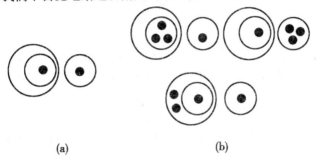

图　26

丙：可见，这不是"正整数分拆"问题，与集合有关．再看 $n=k=2$ 的情形，就是"四枚钱币放在三只杯子里……"这好像是一道数学竞赛题．

甲：我想到了三种放法，如图26(b)所示，不知是否还有其他方法？

戊：这说明，"问题的一般性"往往也是造成题意难于理解的障碍．"对付"的办法，则是"限定"，即取特例来分析理解．

一般说来，造成题意难于理解的原因，除了上面分析的问题的"一般性"、"实际问题可抽象成一个什么样的数学问题不清"以外，也可能是由于问题的特殊性，或问题实际含义不明（特别是竞赛题，由于表述中的新词儿或译文词不达意），或由于画不出图形（立体几何中此类情况较多），或由于有关物理、化学、经济、生活中相关的知识不清楚，也会形成"拦路虎".

可见，"弄清题意"并不总是轻而易举的，特别是非标准题型（及开放型题目）．弄清题意作为解题的

原则与策略

"开局",应当认真对待.

3. 全程例说

这一节我们举例说明数学解题常规思维的四个步骤.

第四例 有一种游戏,叫做"对奖":一个由如图 27 所示的梯子形通道多端网络,构成的方法是:若干条等距平行竖线,相邻竖线间画一些水平横道,条数和位置不限,但任两条横道不"对口"(即不出现十字路口). "对奖"办法是:从任一 A_i 出发,向下行进,见弯就拐(不得向上走),最后得到"奖品 B_j". 如图中的 A_3 得到奖品 B_5(在选择 A_i 时,可把中间路线用纸 ABCD 遮盖,选定再打开对奖). 问题是:

(1) 从 A_i 出发,按如上规则,一定会对上某一 B_j 吗?会不会对到两个?

(2) 会不会有两个 A_i 对同一的 B_j?

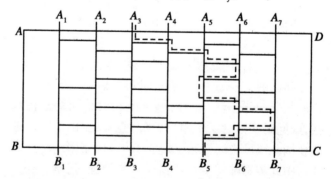

图 27

问:已知的是什么?要求或要证的是什么?

甲:已知的就是这梯子形网络(噢,竖线要增加到

n 条:$A_1B_1, A_2B_2, \cdots, A_nB_n$)和这个"见弯就拐"的对奖规则,至于要求还是要证的嘛——

乙:对图 27,我试了试,结果:$A_1 \to B_1$, $A_2 \to B_6$, $A_3 \to B_5$, $A_4 \to B_2$, $A_5 \to B_4$, $A_6 \to B_3$, $A_7 \to B_7$.

那么我猜想:在一般情形下:①A_i 必对应 B_j,且只有一个 B_j;②不会有两个 A_i 对应一个 B_j.

甲:就是建立了集合 $\{A_1, A_2, \cdots, A_n\}$ 到 $\{B_1, B_2, \cdots, B_n\}$ 的一种一一映射关系.这就是要证明的.

丙:我总觉有点"玄乎",因为"梯子"的"横档"是随意安放的:条数、位置都不固定.但我举不出反例.

戊:总算初步弄清了题意,怎样证呢? 常规思路是什么?

乙:先看看特殊情况,这里特殊情况是什么? 一条横道也没有,如图 28. 显然,$A_i \to B_i$, $i = 1, \cdots, n$. 可见,这确实建立了集合 $\{A_1, A_2, \cdots, A_n\}$ 到 $\{B_1, B_2, \cdots, B_n\}$ 的一一映射. 下面怎么办?

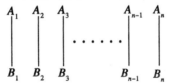

图 28

丁:再看某处有一条横道的情形(图如 29). 比如,在 A_1B_1 与 A_2B_2 之间:这时怎么样呢?

乙:我看出来了:这时,$A_3 \to B_3, \cdots, A_n \to B_n$ 没有变. 但是 A_1 与 A_2 交换了"对象":$A_1 \to B_2, A_2 \to B_1$. 那么显然,在 A_3B_3 与 A_4B_4 间加一横道,也是如此.但整个看来,还是一一映射.

原则与策略

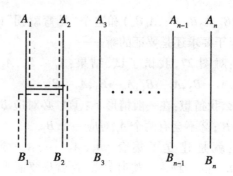

图 29

丁:我在考虑,无论在怎样的情形下,"加一条横道"会怎么样?如图30所示,假定在任一位置加了一条横道 XY,则它就同时改变由 K,L 来的流的流向:K 来的流由向 S 改为向下,L 来的流由向 T 改为向 S. 而对其他流无影响. 就是说,在网络中,任加一条横道,恰改变两个元素的对象,而一一映射仍保持.

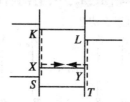

图 30

乙:这就可以用数学归纳法证明了. 我们对加横道数 m 进行归纳. 当 $m=0$ 时(如图28),网络确实建立了 $M=\{A_1,\cdots,A_n\}$ 到 $N=\{B_1,\cdots,B_n\}$ 的一一映射. 现假定对 m 条横道正确,再加一条横道,因它只交换了 A_i 与 A_j 的象,所以仍是 M 到 N 的一一映射.

丙:正确,因为任何这种网络都可以用逐一添横道的办法画出来,所以证法对一切这种网络都对.

戊:有无别的证法?能一眼看出结果吗?

116

丙:可以这样说:因每一段竖道前面或是出发点,或是个丁字形道口,按"见弯必拐"的规则,它恰有一个流流过来.因此,必然是一一对应.

戊:这是个很妙的直观证法,但也是严格的证法.当然,还可以提出两个反问题:任给 M 到 N 的一一对应,怎样构造这网络? 它是唯一的吗?

在这个例子中,"弄清题意"费了好大力气,直到戊说:"总算初步弄清……"大体告一段落,从这时起,到乙说:"那么,就可以用数学归纳法证明了",拟订方案结束.乙接着"执行"了这个方案.下面是简单的回顾,且丙又给出一个十分简练的证明,但他是在前面讨论的启迪之下给出的.真是"麻雀虽小,五脏俱全",在这小题的讨论中,我们已用了常规解题的"全身解数".

第五例 一个立体几何计算题:在 60°的山坡上有一条直道,与坡脚水平线成 30°角,沿这条路上山,走 100 米问升高多少米?

这是现行《立体几何》课本中一道例题,一道典型立几计算题.但实际上是作图、证明、计算的综合题.因为若不作图,就无法写出"已知"、"求",因为不知要计算的对象在哪里.我们采用立几计算题的标准求解及表述格式(把波利亚《解题表》中的一、二、三步合并交叉进行):

解:如图 31,设面 α 为山坡,β 为地面,l 为坡脚,则二面角 $\alpha l \beta$ = 坡度 60°;设 AB 为与 l 成 30°角的直路,AB = 100 米.作 $BD \perp \beta$ 于 D,则 BD 就是要求的、上升的高度.

原则与策略

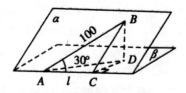

图 31

（至此,算是具体地弄清了题意,下边要用解直角三角形的方法来计算——这就是"方案",我们来"执行"）

作 $DC \perp l$ 于 C, 连 BC, 则 DC 是 BC 在 β 内的射影,因为

$$DC \perp l$$

所以　　　$BC \perp l$　（三垂线定理）

则 $\angle BCD$ 是二面角 $\alpha l\beta$ 的平面角,所以

$$\angle BCD = 60°$$

在 Rt$\triangle BCD$ 和 Rt$\triangle ABC$ 中,有

$$BD = BC \cdot \sin 60°$$
$$= AB \cdot \sin 30° \cdot \sin 60°$$

但 $AB = 100$ 米,故

$$BD = 100 \times \frac{1}{2} \times \frac{\sqrt{3}}{2}$$
$$= 25\sqrt{3}（米）\quad（答略）$$

显然,这样的基础练习题并不难,但是要简练、完整地表述,则不容易.属于扎扎实实的基本功.

要"回顾"的是求解过程中的图形（图 31）.在这个图形中核心部分是直棱四面体 $ABCD$,它的棱 AC, CD, BD 两两垂直,它在立几中的"地位"与直角三角形在平几中的"地位"差不多,在立几计算题中到处都是它的身影,因此,读者应当自行弄清它的有关性质,以

118

备不时之用.

4. 学会"常规"为上策

你想方便、灵活地行动吗？那么,你就要首先学会走路,有一双健腿捷足:现代交通工具十分发达,但都要以"走路"为基础.同样地,你想成为一个具有数学头脑、科学头脑的人吗？那么你就要学会常规思维,掌握数学常规思维策略.

数学常规思维所依托的是中小学数学(及其他基础学科)的基础知识、基本技能技巧,通常的加减乘除运算,简单的形式逻辑推理,对基本的几何图形(概念、命题、法则和基本练习题关联的图形)的识别、理解、应用,对基本数式的变通、运用等等.因此,我们看重的是通理、通法,而不尚一技半巧,注重的是良好的思维习惯的培养,讲理(即讲逻辑、讲语法、讲法律),不赏识"急转弯"之类的小聪明,而鄙夷"不是也是"、"是也不是"等强词夺理、以权压理的可耻行径.

有的书上说,对形如
$$0.25x = 1.25$$
的方程,如只会"两边除以 0.25"的解法,则只是停留在"学会"水平上,而领会到可用"两边乘以 4"的解法,才算达到了"会学"的层次.这也许不无道理,因为后者乃是对通法的领略变通.但若有人以为,只有针对每道题、每个方程,都想出一个"巧妙"解法,而不强调以通理通法为基础,并且认为这才是"会学",那就不对了.又如,有人对"三角形等边对等角"的如下证法

赞叹不已:

  已知:在△ABC中,AB = AC.

  求证:∠B = ∠C.

  证明:在△ABC与△ACB中

    AB = AC,AC = AB,BC = BC

所以   △ABC≌△ACB

所以   ∠B = ∠C

  因为它"不作任何辅助线"、"简单明快",我认为读者不应苟同. 因为其一,它并非"不作"辅助线,而是把"△ACB"省略未画. 事实上,它所用的图形乃是如图32所示,证明伊始还要有作辅助线的叙述,才算严格完整. 更为重要的是,此法很不"平常",不易想出,对以后证题示范作用不大. 相形之下,倒是"作 AD⊥BC……"或"取 BC 中点 D,连 AD……"或"作∠A 平分线 AD……"的证法,来得朴素、简洁,易于接受,对人有启示.

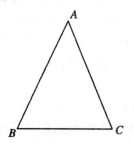 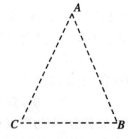

图 32

  波利亚在《解题表》中,对常规思维(当然,不仅是常规思维,还有归纳思维、创造思维等)策略,作了比较充分的描述. 这里,我们略述它与数学思维基本原则的关系:

  弄清题意:包括对已知、未知、条件的理解;细审条件,画图、引用符号等等. 这说明,为了解题,我们应进入"问题情境",同题目进行接触,通过操作,了解题目的"底蕴",逐渐激发兴趣,增强信心,这完全符合启动思维的诸条原则. 另外,在"弄清题意"的过程中,也在一步步地将题目抽象化、符号化,并对符号进行初步的操作研究,为寻找思路做准备.

拟订方案:目的是寻求由已知到未知的通道. 人们思维的基本规律是以旧解新,以原有认知结构"对付"新的问题,按"思维定式"去检索自己"武库",搜寻合用武器、方法:"你见过此题吗?……"就是瞄准新靶. 这里,还针对数学思维的化归特征,变换特征,严谨特征等,设计了一系列高明策略,从而贯彻了"数学地思考问题"的原则. 对此,我们还将进行专门论述.

在**"执行方案"**中,除要求按所选设的符号进行有理有据的操作以外,还特别强调贯彻严谨化原则.

波利亚《解题表》中的**"回顾"**步骤,是非常具有特色的,它不仅贯彻了思维过程的审美、监控和反思三原则,而且,作为一种反思和激发动因的操作,执行着监控前三个思维步骤的任务.

鉴于当前在中学解题教学中普遍忽视"回顾"步骤,我们认为有必要强调:对大量学生学习实况分析表明,学习中的种种缺陷(如课听得懂但不会做题;定理会背不会用;解题思路窄,不会提问题,一读书就困等等),种种学习病,无不与解题中这个步骤的长期欠缺有关. 而一旦通过咨询,学生真的口服心服地(而不是勉强应付地)对此有所领悟而见诸行动,则会立见转机,随着"病症"的消失,学习成绩(不仅是数学)往往直线上升,人也变得更加懂事.

原则与策略

"积学以储宝"是古人的治学秘法,荀子说"不积跬(kuǐ)步,无以至千里,不积细流,无以成江海",老子说"合抱之木,生于毫末,九层之台,起于累土,千里之行,始于足下". 如果我们解题,总是忽视"回顾"阶段,不在乎从求解一个个小题中获得的跬步细流,像"狗熊掰玉米"一样地不断地丢弃它们,那么何以行千里、成江海?常规思维策略正是我们培育"毫末",广积"累土",从"足下"做起的学习忠告,思维秘法.

归纳思维策略

第 5 章

我们的第二个建议是:面对难题,你应当用合情与演绎推理相结合的方法,探索前进.

在一般人看来,只有物质的对象才能进行观察、实验,在物理、生物、化学和社会生活中,才经常使用归纳等思维方法,而对于数学中的"思维产物",是不能用实验、观察等方法的,数学作为"演绎科学"的典范,更无归纳思维的余地.

这实在是一种误解.其实,数学是具有演绎和归纳两个侧面的科学,数学中的图形、符号、数字、字母、算式、表格等等,作为事物变化规律的物化对象和思维信息的载体,同样按自己特有的方式,作用于人的感官,被感知,被思考,被研究,因此,实验、观察、归纳、类比、推广、限定、猜想、检验等合情推理方法,在数学思维中,也占有非常重要的地位.

数学家向来是演绎归纳两者并用的:用归纳推理(穿插演绎推理)进行探

原则与策略

索发现,而以演绎推理整理发现的结果,中外古今,概莫能外.

1."点线距公式"探索的启示

面对难题,甚至是非常规的难题,我们怎么办？面对"杂乱无章"的数字、图形,怎样从中找出线索,发现规律？

我们说:可以用探索法,"摸着石头过河". 探索法(英文是 heuristic,直译是"有助于发现的"方法,因而有人译作"助探法","启发法"),也就是指包括实验、观察、归纳、类比、推广、猜想等在内的一套合情推理(plausible reasoning,也可译作似然推理,即具有一定可靠性、一定正确性的推理)方法. 数学家欧拉与其他数学家的"好简练"不同,他许多开拓性的论文都详述自己解决问题的思维过程,本书第二章全文拜读的《哥尼斯堡七桥问题》,就是一例;我们还详细引述过数学大师华罗庚《从孙子的神奇妙算谈起》一书中对孙子算题"有物不知数"及其求解的程氏歌诀的探索开发过程,这都是很有教益的.

现在看一个探索开发我们身边的问题的例子,读者一定倍感亲切.

(1)1979 年的《解析几何》教材,有两点距离公式而无点线距公式. 我们设计了一条"自然思路",让学生作为"练习"进行推导:

已知:点 $P(x_0, y_0)$,直线 $l: Ax + By + C = 0 (A^2 + B^2 \neq 0)$.

要求：P 到 l 的距离 $d(p,l)$（公式）。

按如下方案进行推导：

①求过 P 而垂直于 l 的直线 PQ 的方程；

②通过解方程组，求交点 Q 坐标 (x_T, y_T)；

③应用两点距离公式求 $d=|PQ|$。

为了说明"并非很繁"，我把从当时"教学札记"中找到的一个同学的计算抄在下边，供广大读者欣赏（建议读者先自行计算，然后对照）：

因为 $PQ \perp l$，可设 $PQ: Bx - Ay + C' = 0$。把 $P(x_0, y_0)$ 代入：$Bx_0 - Ay_0 + C' = 0$，$C' = Ay_0 - Bx_0$，解方程组

$$\begin{cases} Ax + By = -C & \text{①} \\ Bx - Ay = Bx_0 - Ay_0 & \text{②} \end{cases}$$

①$\times A$ + ②$\times B$，①$\times B$ - ②$\times A$，得

$$\begin{cases} (A^2 + B^2)x = -AC + B^2 x_0 - ABy_0 \\ (A^2 + B^2)y = -BC - ABx_0 + A^2 y_0 \end{cases}$$

因 $A^2 + B^2 \neq 0$，所以得 $Q(x_T, y_T)$ 的坐标

$$\begin{cases} x_T = \dfrac{B^2 x_0 - ABy_0 - AC}{A^2 + B^2} \\ y_T = \dfrac{A^2 y_0 - ABx_0 - BC}{A^2 + B^2} \end{cases} \quad (*)$$

应用两点距离公式，得

$$d^2(P,l) = |PQ|^2 = (x_0 - x_T)^2 + (y_0 - y_T)^2$$
$$= \left(x_0 - \frac{B^2 x_0 - ABy_0 - AC}{A^2 + B^2}\right)^2 +$$
$$\left(y_0 - \frac{A^2 y_0 - ABx_0 - BC}{A^2 + B^2}\right)^2$$
$$= \left(\frac{A^2 x_0 + ABy_0 + AC}{A^2 + B^2}\right)^2 + \left(\frac{B^2 y_0 + ABx_0 + BC}{A^2 + B^2}\right)^2$$

$$= \frac{1}{(A^2+B^2)^2}[(A^2+B^2)(Ax_0+By_0+C)^2]$$

所以 $d(P,l) = \frac{|Ax_0+By_0+C|}{\sqrt{A^2+B^2}}$.

(2) 80 年代以来,出于对"课本"证法的改进,又陆续发现了多种证法,较典型的有如下两种:

二次方程法. 原理是"P 到 l 距离等于 $\odot P$ 同 l 相切时的半径". 方法是:写出 $\odot P(d)$ 方程,不妨设 $B \neq 0$,把 $y = -\frac{A}{B}x - \frac{C}{B}$ 代入,应用 $\Delta = 0$ 即得.

二次函数法. 原理是"P 到 l 的距离是 P 到 l 上任一点距离的最小值". 方法是:设 $Q(x,y)$ 是 l 上动点,则 $|PQ|^2 = (x-x_0)^2 + (y-y_0)^2$,把 $y = -\frac{A}{B}x - \frac{C}{B}$ 代入(不妨设 $B \neq 0$),应用顶点公式即得 $d = \min|PQ|$.

(3) 1995 年我们在无锡市宜兴丁蜀中学听了一节漂亮的"MM 实验"课,是陈萍老师的课.

师:请大家回忆"点到直线距离"概念,并做如下练习:求如下点 P 到直线 l 的距离 d:

① $P(-2,4), l: x=0, d=$ _____;
② $P(2,4), l: y=3, d=$ _____;
③ $P(x_0,y_0), l: By+C=0(B \neq 0), d=$ _____;
④ $P(x_0,y_0), l: Ax+C=0(A \neq 0), d=$ _____;
⑤ $P(2,4), l: x-y=0, d=$ _____.

大家仍用平几法:画图、观察、计算. 现请三位同学分别把③④⑤的图画在黑板上,并写出结果(生 A,B,C 画出图 33 所示的三个图).

结果:③ $d = \left|y_0 + \frac{C}{B}\right|$,④ $d = \left|x_0 + \frac{C}{A}\right|$,⑤ $d =$

$\sqrt{\dfrac{1}{2}(4-2)} = \sqrt{2}.$

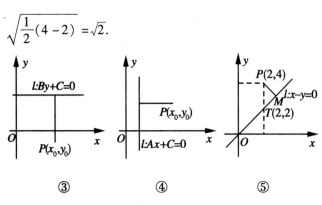

③　　　　④　　　　⑤

图　33

师：看③④结果：里边不见了 l 方程踪影，怎样找回来？噢，变变形

$$③\, d = \dfrac{|By_0 + C|}{|B|},\ ④\, d = \dfrac{|Ax_0 + C|}{|A|}$$

这告诉我们什么？预示了在一般情形下的点线距离公式吗？

生 D：在③④结果中，分子好像把 (x_0, y_0) 代入方程表达式，再取绝对值似的．故在一般情形下，我觉得应有

$$d = \dfrac{|Ax_0 + By_0 + C|}{|A| + |B|}$$

师：检验一下看．

生 D：对③④正确，因此对①②也正确．

师：对⑤呢？

生 D：$d = \dfrac{|1\times 2 - 1\times 4 + 0|}{|1| + |1|} = \dfrac{2}{2} = 1 \neq \sqrt{2}$（生 C 的结果）．

倒霉！（大家笑），碰到一个反例．

师:可见,猜想要修改.怎样改?

生 E:由 D 同学结果 $\sqrt{2}$ 看,似应有个根号.

生 G:$A \neq 0$ 时,是 $\sqrt{A^2} = |A|$,$B \neq 0$ 时,$\sqrt{B^2} = |B|$,那么当 $A^2 + B^2 \neq 0$ 时,就应是 $\sqrt{A^2 + B^2}$.故我猜想

$$d = \frac{|Ax_0 + By_0 + C|}{\sqrt{A^2 + B^2}}$$

对①~④显然对,因 $\sqrt{1^2 + (-1)^2} = \sqrt{2}$,故⑤也对,请诸位不吝赐反例!

生 H:我"赐"一个:如 $P(x_0, y_0)$ 在 l 上,$d = 0$,你的公式给出的是"0"吗?

生 G:P 在 l 上,$Ax_0 + By_0 + C = 0$,故 $d = 0$,公式正确!请吧,哪位还有?——噢,没有了.那么,我的公式还有如下优点:

①l 方程化为 $kAx + kBy + kC = 0(k \neq 0)$ 时,d 不变.

②当 P 沿着 l 的平行线 l' 运动时,d 不变:设 l' 方程为 $Ax + By + C' = 0$,让 $P(x_0, y_0)$ 沿 l' 运动到 $P'(x_1, y_1)$,则 $Ax_1 + By_1 + C' = Ax_0 + By_0 + C' = 0$,即 $Ax_1 + By_1 = Ax_0 + By_0$,所以

$$d' = \frac{|Ax_1 + By_1 + C|}{\sqrt{A^2 + B^2}} = \frac{|Ax_0 + By_0 + C|}{\sqrt{A^2 + B^2}} = d$$

③把 $P(x_0, y_0)$ 换成它关于 l 的对称点 $P'(x_1, y_1)$,d 不变.噢,对不起,我还未证出来,它应该不变.

④d 是由 $P(x_0, y_0)$ 坐标和 l 方程完全确定的.

师:公式经受了如此"严厉"的检验,我们坚信它的正确性.但仍需证明,怎样证?题⑤的解法中有线索吗?(指着图 33 问生 C):你是怎样想到构造 Rt△*PTM*

第5章 归纳思维策略

的?

C:我画 P 点坐标线时,正好有这三角形,"碰到我枪口上"了,一看,斜边 $PT \parallel y$ 轴,正好算.

师:别无佳途?

生 F:我是先求 PM 方程 $y=-x+6$,再解方程组 $y=-x+6, y=x$,求出 $M(3,3)$,用两点距离公式.

生 H:我先求 P 关于 l 的对称点 $P'(4,2)$,PP' 中点即为 $M(3,3)$……

师:三条思路也许都行. 我们先按"构造直角三角形法"试一试. 注意,因 $A=0$ 或 $B=0$ 的情形都已检验过,故可假定 $AB \neq 0$,这时定可构造斜边平行 y 轴的直角三角形(下略).

回顾一下点线距公式研究的过程,不难体会到:

第一,在(1),(2)中,我们看到了可由点线距离概念直接引申出来的几条"自然"思路,由于"不惧计算繁难"而获成功.

第二,陈萍老师运用的是按 MM(即数学方法论的教育方式)原则设计的"引导探索法":首先设计了一个"尝试性题组"①~⑤. 题组妙处在于:①②起步很低,但方法略加推广即可用于③④,这阶梯较大,但学生"跳跳"即可攀上. ③④的好处是它有了一般的特征,使结果略加变形即可预示一般公式的形状,然而预示的形式并不唯一,这较好地模拟了数学猜想、发现中有失误,有弯拐的情况. 按③④猜想的结果自然也适用其特例,故①~④失去检验能力,多亏设计了问题⑤,它太妙了,至少有如下四个好处:

其一,鉴别出了猜想公式 $d = \dfrac{|Ax_0 + By_0 + C|}{|A| + |B|}$ 的错处;

其二，d 的值可简易求出；

其三，$d=\sqrt{2}$ 这数值，"有根号"暗示了修正猜想的方向；

其四，由于画 P 点坐标线，无意中画出了直角三角形，自然地提示出寻觅证明方法的(不只一条)途径.

本来，按思维规律，"一般寓于特殊之中"，但由特殊上升到一般并不容易，它需要直觉和发现特殊中显示的一般的特征. 陈萍老师的题组，仅五个小题，不仅预示了公式、预示了修正猜想的方向，而且预示了寻找证明方法的(不只一条)途径，真是难能可贵.

第三，教学是通过课堂讨论进行，讨论过程沿着：问题—尝试(归纳)—推广、类比、猜想—检验、修正—拟订证明方案—证明的路线前进的，在猜想公式和探索证法时，运用了推广和类比(一般公式的形状与特殊的类似，一般的证明可仿照特殊情况下的推导进行)，在检验和修正公式时，运用了"严谨化原则"和审美原则.

第四，在课堂教学中，由于时间、条件限制和目标的集中，难免会忽略"副产品"的提取和研究，从而错过一次"发现"的机会. 例如，当他们推出公式(∗)时，如略加整理，形状即可规范，为下面推证公式创造简化的条件；再玩味一下，即知它是点在直线上的射影(垂足)坐标公式，再略加开拓，即得"对称点"坐标公式，是可派上大用场的.

第5章 归纳思维策略

2. 深入一步

(1) 千呼万唤. 在我们的课本中, 在许多数学文献中, 有一批这样的题目:

题1. 在直线 $2x-y-4=0$ 上求一点 P, 使它到 $A(5,-5)$ 和 $B(1,-7)$ 两点的距离之和最小.

题2. 光线过点 $(2,3)$, 经直线 $x+y+1=0$ 反射后, 穿过点 $(1,1)$, 求入射线、反射线方程和反射点坐标.

题3. 求以直线 $x-3y+7=0$ 为轴, 直线 $x+y-2=0$ 的对称直线的方程.

题4. 已知抛物线 $y^2=4x$, m 和 l 分别为抛物线上的点 $A(1,2)$ 处的切线和法线, M 是 l 与抛物线在第四象限的交点, 问在抛物线 $x^2=4y$ 上, 有否 M 关于切线 m 的对称点?

题5. 已知以 $O(-1,2)$ 为中心的圆与直线 $2x+3y-17=0$ 相切, 求切点坐标.

仔细分析这些题, 不难知道, 它们呼唤着点关于直线的对称点及在直线上射影的坐标公式. 但是千呼万唤不出来: 文献上只有一些特殊情形下的公式(对称点的).

(2) 公式启示发现. 设 $P(x_0, y_0)$ 为任一点, $l: Ax+By+C=0$ 为任一条直线, $T(x_T, y_T)$ 和 $Q(x_1, y_1)$ 分别为 P 在 l 上的射影和关于 l 的对称点.

这样, 应用"方程组法", 就推出本章第1节(1)中的公式(∗), 为了好记好用, 与 l 的方程直接挂上钩,

原则与策略

我们作如下变形

$$x_T = \frac{B^2 x_0 - ABy_0 - AC}{A^2 + B^2}$$

$$= \frac{A^2 x_0 + B^2 x_0 - A^2 x_0 - ABy_0 - AC}{A^2 + B^2}$$

$$= x_0 - A \cdot \frac{Ax_0 + By_0 + C}{A^2 + B^2}$$

对 y_T 表达式作类似变形,并记

$$\sigma = \frac{Ax_0 + By_0 + C}{A^2 + B^2}$$

就得一个简练的射影公式

$$\begin{cases} x_T = x_0 - A\sigma \\ y_T = y_0 - B\sigma \end{cases} \quad (**)$$

应用中点坐标公式,有 $x_T = (x_1 + x_0)/2$, $y_T = (y_1 + y_0)/2$,从而得到 P 关于轴 l 的对称点坐标公式

$$\begin{cases} x_1 = x_0 - 2A\sigma \\ y_1 = y_0 - 2B\sigma \end{cases} \quad (***)$$

有了公式(**)和(***),题 1~5 就成了"练习题"水平的常规问题.

3. 合情推理就在你身边

在前面两节,我们通过对点线距离公式的探索开发过程的剖析,展示了合情推理方法在数学学习、教学、解题和数学研究中的应用的种种真实的情景.

下面再分析几个例子.

第5章 归纳思维策略

（1）"探索式读书法"续谈. 在本书中,我们曾几次谈到华老的"探索式读书法"即提问题读书法,这确属数学家的"真传",我在教学中,始终坚持向学生传授,并提倡在学习中练习使用,"从战争中学习战争". 果然,在学习"一元二次不等式的解法"时,他们用上了,这真是一次大胆的应用,简直是集体向老师和课本"宣战"！事情是这样的：

当学到"一元二次不等式解法"这一课时,我介绍了课本上的"一般解法"：先解相应的二次方程,再依据解的情况,画出相应的二次函数的图象,观察定解. 这时,一个学生站起来：

"老师,我们解的仅仅是二次不等式,为什么要把二次方程、二次函数拉扯进去？"

我说："历来如此嘛,连'高等数学'中也没什么好办法,你们想过吗？"

"想过的,我们几个人在预习时,有个不成熟的想法. 想在明天课外活动时间议一议,想请老师光临."我自然答应了.

课外活动时间,几位同学都到了,还有不少同学"列席",小屋挤得满满的. 这回,真的是学生唱主角,我则以观察员的身份参加.

甲：我这样想：既然一次方程 $ax+b=0(a\neq 0)$ 和不等式 $ax+b>0(a\neq 0)$ 有个类似解法,为什么二次不等式没有？

乙：也不是完全没有. 比如方程 $x^2+3x-4=0$ 和不等式 $x^2+3x-4>0$ 就有类似的因式分解解法：

原则与策略

$$x^2+3x-4=0 \qquad | \qquad x^2+3x-4>0$$
$$(x+4)(x-1)=0 \qquad | \qquad (x+4)(x-1)>0$$
$$x+4=0 \text{ 或 } x-1=0 \quad | \quad \begin{cases}x+4>0\\x-1>0\end{cases} \text{ 或 } \begin{cases}x-1<0\\x+4<0\end{cases}$$
$$\text{故 } x_1=-4, x_2=1 \qquad | \qquad \text{故 } x>1 \text{ 或 } x<-4$$

丙:如果是不等式 $x^2+x-1>0$ 呢?是 $x^2+x+1>0$ 呢?怎样同方程 $x^2+x-1=0, x^2+x+1=0$ 的解法类比?

甲:我们说的是一般二次方程 $ax^2+bx+c>0(a\neq 0)$ 和不等式 $ax^2+bx+c>0(a\neq 0$,或 $<0)$ 有无类似解法?

乙:对丙同学提的问题,可以试一试

$$x^2+x-1=0 \qquad | \qquad x^2+x-1>0$$
$$x^2+x+\frac{1}{4}=1+\frac{1}{4} \quad | \quad x^2+x+\frac{1}{4}=1+\frac{1}{4}$$
$$\left(x+\frac{1}{2}\right)^2=\frac{5}{4} \qquad | \qquad \left(x+\frac{1}{2}\right)^2>\frac{5}{4}$$
$$x+\frac{1}{2}=\pm\frac{\sqrt{5}}{2} \qquad | \qquad \left|x+\frac{1}{2}\right|>\frac{\sqrt{5}}{2}$$
$$\text{故 } x_{1,2}=-\frac{1}{2}\pm\frac{\sqrt{5}}{2} \quad | \quad x+\frac{1}{2}>\frac{\sqrt{5}}{2} \text{ 或 } x+\frac{1}{2}<-\frac{\sqrt{5}}{2}$$
$$\qquad | \qquad \text{故 解为 } x>-\frac{1}{2}+\frac{\sqrt{5}}{2}$$
$$\qquad | \qquad \text{或 } x<-\frac{1}{2}-\frac{\sqrt{5}}{2}$$

这不是很类似的吗?

甲:对一般不等式,我们也试了试,也是可以的,不过要讨论

第5章 归纳思维策略

$$ax^2 + bx + c > 0 \quad (a \neq 0)$$

$$a\left(x^2 + \frac{b}{a}x\right) > -c$$

$$a\left(x^2 + \frac{b}{a}x + \frac{b^2}{4a^2}\right) > \frac{b^2}{4a} - c$$

$$a\left(x + \frac{b}{2a}\right)^2 > \frac{b^2 - 4ac}{4a}$$

①若 $a > 0$,则有 $\left(x + \frac{b}{2a}\right)^2 > \frac{b^2 - 4ac}{4a^2}$.

ⅰ)若 $\Delta = b^2 - 4ac \geq 0$,则 $\left|x + \frac{b}{2a}\right| > \frac{\sqrt{b^2 - 4ac}}{2a}$,解为:$x > \frac{-b + \sqrt{\Delta}}{2a}$ 或 $x < \frac{-b - \sqrt{\Delta}}{2a}$.

ⅱ)若 $\Delta < 0$,则解为:一切实数.

②若 $a < 0$,则有 $\left(x + \frac{b}{2a}\right)^2 < \frac{b^2 - 4ac}{4a^2}$.

ⅰ)若 $\Delta > 0$,则 $\left|x + \frac{b}{2a}\right| < \frac{\sqrt{\Delta}}{2|a|} = -\frac{\sqrt{\Delta}}{2a}$,即 $\frac{\sqrt{\Delta}}{2a} < x + \frac{b}{2a} < -\frac{\sqrt{\Delta}}{2a}$,解为:$\frac{-b + \sqrt{\Delta}}{2a} < x < \frac{-b - \sqrt{\Delta}}{2a}$.

ⅱ)若 $\Delta \leq 0$,无解.

如果当 $a < 0$ 时感到"别扭",$ax^2 + bx + c > 0$ 可化成 $x^2 + \frac{b}{a}x + \frac{c}{a} < 0$ 来解.

丁:这方法确实类似于二次方程的配方解法,而且,如果确实正确的话,可由此概括出几种类型的($>$, $<$, $\geq$, $\leq$)不等式的"求解公式".

我说:"这确实正确. 而且是大家学习'探索式读书法'的一项成功的演练."这时,"列席"的同学中有

原则与策略

一个站起来:

  戊:在学习"球"这课题之后,我们小组的同学联想到"圆",就想把"圆幂定理"推广到空间.

  己:噢,"圆幂定理"是切线长定理、切割线定理、割线定理、相交弦定理的合称,我们用符号表示就是:过平面一点 P 的直线同 $\odot O(r)$ 相交(切)于 A,B 两点,则

$$PA \cdot PB = |PO^2 - r^2|$$

  戊:推广到空间所得"球幂定理"是:过空间任一点 P 的直线交(或切)球 $O(R)$ 于 A,B 两点,则

$$PA \cdot PB = |PO^2 - R^2|$$

证法是过直线 PAB 与点 O 作平面交球 O 于一个圆,用"圆幂定理"就可以了.它可以作为研究圆锥截线的工具.

  (2)面对疑难想"归纳".当你面对一个一般性问题,"山重水复疑无路"时,可能想到了"归纳探索"的方法,即考虑若干个简单的有代表性的问题,研究探索,"投石问路".写到这里,想找个恰当的例子.这时,忽然想到苏淳先生的一本精彩的小册子《从特殊性看问题》.他的第一个例子就很精彩:

  题1.试证:任意多个给定的正方形,都可以把它们剪成适当的形状后,拼成一个大正方形.

  苏先生说:

  将所给出的正方形数目记作 n,你便会自然地想到可对 n 施行数学归纳法,我们曾发现有的考生这样来运用归纳法:

  当 $n=1$ 时命题显然成立.假设 $n=k$ 时命题成立,于是当 $n=k+1$ 时,只要先将其中 k 个正方形剪成适

当形状后拼为一个较大正方形,再将所得正方形同剩下的一个剪拼成一个更大的正方形,即知命题也可成立.于是由数学归纳法原理知命题获证.

但这只是一种貌似正确的证明……

因为在这个"证明"里,没有任何"剪"和"拼",比如,两个正方形如何剪和拼,就没有给出具体方法,所以此"证明"在 $n=2$ 时已失效.

要使它有效,就要解决一个"有代表性的"$n=2$ 这个特殊情形.这时,应如何剪拼?把问题符号化:设两个小正方形边长分别为 a,b,设拼成的(如果能的话)大正方形边长为 c,则

$$a^2 + b^2 = c^2$$

这是什么?是"勾股定理的表达式",这使我们立即想起数学家赵爽的弦图,于是有了如图 34 所示的剪拼方法:把两个正方形按(a)靠拢,剪开,按(b)拼即可.但按(c)剪拼更省事.

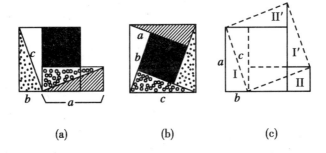

图 34

可见,对 $n=2$,此题不过是勾股定理的构造性变形.因此,那位考生的证法只要在"$n=1$ 时显然成立"后补一句"$n=2$ 时,将所给两个正方形按图 34 所示进行剪拼,即知命题成立",也就是严格的证明了.

原则与策略

下面再欣赏一个漂亮的几何题.

题2. 有一个锐角 $\triangle ABC$，当我们作出它的三条高 AD, BE, CF，并描出它三边中点 K, L, M 时，我们直观地感到：$D, E, F; K, L, M$ 这六点好像在同一个圆上（如图35，请读者自行精心地画一个，要大一点）. 当我们试着画出这个 $\odot N$ 时，又似乎觉得它与 AH, BH, CH 的交点 P, Q, R 就分别是它们的中点. 于是我们产生了一个猜想：

九点圆命题. 锐角三角形三条高的垂足、三边中点、三顶点与垂心连线的中点，这九点共圆.

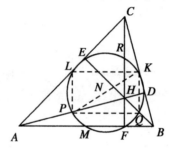

图 35

要证九点共圆，谈何容易！我们能证吗？怎样下手去证？

于是我们画一个精细一点的图，仔细地看啊，看啊，忽然，我们看出，$PQKL$ 似乎是一个矩形！立即连辅助线 PQ, QK, KL, LP，好，看出来了：PQ, KL 分别是 $\triangle HAB, \triangle CAB$ 的中位线，$PQKL$ 是矩形，同时证明了线段 PK, LQ, MR 共点且被公共点平分.

如果说题1着重说明了特殊情形的作用（特殊中有一般，特殊往往是一般的关键）的话，那么题2则意在说明观察、归纳在发现和建立命题（形成猜想）中的

第5章 归纳思维策略

作用,以及在寻觅证法中的作用.面对疑难想归纳,就好像迷失方向时用指南针、寻找太阳或北斗星一样.

(3)观察、归纳与思考.一般代数课本讲"有理数",总要讲"有理数的分类",为什么要讲分类?也许一时说不清楚.但是,当我们看到"绝对值"概念的定义

$$\sqrt{a^2}=|a|=\begin{cases} a & (a>0) \\ 0 & (a=0) \\ -a & (a<0) \end{cases}$$

时,我们初步弄清了有理数按正、负分类的必要性.然后当考虑有理数的加、乘运算时

和	+	−	0		积	+	−	0
+	⊕	△	*		+	+	−	0
−	△	⊖	*		−	−	+	0
0	*	*	*		0	0	0	0

这种分类的必要性(不分类无法处理)就进一步显示出来,而且,这种清楚的分类,为我们简化概念的定义,提供了可能性.比如,考虑两个有理数相加(或相乘),就有$3\times 3=9$种情形,分别考虑结果的符号和绝对值,但由列表情况,依特点,加法可归并为三类:

⊕和⊖:同号两数相加,符号不变,将绝对值相加.

△:异号两数相加 $\begin{cases} 取绝对值较大的符号,绝对值相减. \\ 相反数相加得零. \end{cases}$

*:任何数与零相加仍得这个数.

乘法仅需考虑符号,按情况亦并成三类:同号相乘得正;异号相乘得负;任何数与零相乘得零.

你看,略施小计,不仅是九变三,而且使"加"、"乘"必服从交换律.但这"小计"是什么?就是组合方法,它使得事物中的类别、顺序等因素,被吸收到概念

（定义）之中了.我们有些同学,在学习有理数加法时,总嫌法则的规定冗长、啰嗦,岂不知事物的本性如此,不得不然;要是了解了这"九变三"的原委和所示的妙计,他们一定会感叹人类智慧的这项杰作,是何等的简练、优美、机巧,它们在数学中,还要不时地显示出来.

比如,我们可以联想到几何中,角的比较大小、线段的比较大小和度量的概念中,也都是各分三类,那是共端点的三射线和共线三点各九种情形组合归并的结果.可见这大于、等于、小于的概念中,也有组合、顺序等因素渗透进去.

再从这思路联想开去,那么,代数、几何的众多概念、法则中隐含的组合因素都可以被识别出来,而且能体味当时确立概念、法则的人妥善处理的匠心.比如代数中的算律,三级运算的规定,括号的使用,代数式的结构,多项式中项的排列等等;几何中角的分类,三角形分类(九中取七),全等与相似形中"对应"方法的应用,数轴、坐标系的设立等,无不如此.如果不了解这一层意思,那么也就是不了解它们的精神,何由"透彻理解"呢?

还有就是数学中一种"自相似"(全体同部分)或再生现象,我们称之为"全息现象",是当今"分形几何"中着重研究的,我们已举过不少例子,读者可通过观察、归纳作较为深入地研究.

4."归纳思维策略"小注

我们这一节所探讨的"归纳思维策略",是一种探

第 5 章 归纳思维策略

索性的思维方法,而又是通过题目的求解过程来"现身说法"的. 实际上是"题目"说话,"过程"自白. 我们边展现"解法",边交代想到这个解法的动因和曲折的经历,让读者体味反复修改和完善的情景. 这种方法是从波利亚那里学来的. 波利亚在《数学发现》一书的"序"中说:

下面各章的大部分内容,将对为数不多的若干例题进行充分的示范讲解. 对于一个不惯说教的数学家来说,这样的写法也许是过于冗繁了. 然而实际上,我们所讲述的,不仅仅限于解法,而且还讲述了解法的"病例". 所谓"病例",就是这解法所借以发现的一些实质性步骤,以及导致这些步骤的动机和想法的一种叙述. 对于一个特例之所以要进行如此周密的叙述,其目的就是为了从中提出一般的方法或模型,在以后类似的情况下,对于读者解题,可以起指引的作用.

事实上,为了让读者能体验到数学探索中的"人情味",我们往往比波利亚做得更进一步,更具体地写出了采集这些材料的过程和源头,写了具体的人和事.

探索思维是数学家们在数学研究活动中广泛使用的一种思维方式,是用来"对付"生题难关的锐利武器,是一种创造性的思维策略,有一些可能是从物理、化学、生物学家甚至医生法官那里学来的,但已经打上了数学的烙印,有了数学的特征.

应当指出的是,探索思维是一种归纳性思维,它有发现的功能,却无证明的效力. 因此,数学家们常常把它与演绎推理并用,像两条腿走路一样,其过程可由如下框图显示(图 36).

原则与策略

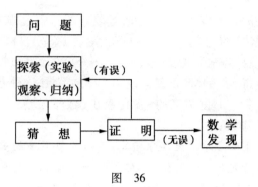

图 36

第 6 章 变换思维策略

我们的第三个建议是:如果问题难以直接求解,就变换成另一个问题.

当我们认准一个问题,打算动手去求解的时候,我们实际上是怎么做的呢?我们的经验足以回答这个问题.再看看波利亚的《解题表》:

在"弄清题意"阶段,建议我们:为了确切地、从"打算数学地求解"的角度理解题意,就要"画出图形,引进适当的符号",以图示义,把题目变换成几何的语言,再变换成符号语言.前者是将题目直观化,后者则是进行符号化和形式化处理.在"拟订方案"阶段,"表"建议我们:引入适当辅助元素(字母代换、参变量、辅助线等等);换一种语言重述题目;对题目加以推广(一般化)、限定(特殊化)、类比或适当变化已知、未知(顺推、逆溯)使之更接近.就是不断地变化题目,变换研究的角度,其目的很明确,就是在变换中加深理解,伺机下手,或至少

原则与策略

是把它变换成我熟悉的、解过的或易于下手的问题.

以熟克生,化难为易,变未知为已知,为牛女架鹊桥是人们思维的一般规律,着意点化,用于数学,就成为解题思维的运动战,是为变换思维策略.

1. 常规"小题"寓哲理

为了说明本章主题,按"解剖麻雀"的办法,我们从"常规小题"中选"有身份"者两三例,加以剖析,以获取信息,领悟哲理.

例1 面积公式推求的历程.

我们知道,封闭平面图形所围出的平面部分的大小,叫做图形的面积. 一般的,图形 F 的面积记作 S_F,有如下三条性质:

ⅰ) $F \cong E \Rightarrow S_F = S_E$.

ⅱ) 一个图形面积等于它各部分面积的和.

ⅲ) $S_F \geq 0$.

下面来推导一些熟知图形的面积公式.

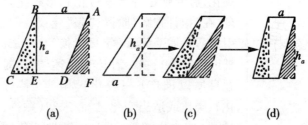

图 37

首先,可以证明矩形面积等于长宽之积: $S_□ = ab$;其次,由图 37 知 $S_□ = ah_a$(底×高). 由性质 ⅰ) 和

ii),可推出面积割补原理:从一个图形的某一处割去一块,在另一处补上全等的一块,其面积不会变.依此对图 37 的(a)经一次割补,即可将平行四边形化成底、高不变的矩形.但如(b)所示,须经(c),(d)两次割补.有的还须经多次割补.第三,应用图 38 中的补形法,可得

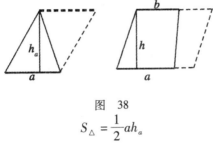

图 38

$$S_\triangle = \frac{1}{2}ah_a$$

$$S_\trapezoid = \frac{1}{2}(a+b)h$$

第四,多边形面积可化成三角形面积来求;第五,圆面积通过正多边形面积的极限来求;第六,扇形、弓形面积可通过圆、三角形面积来求;第七,柱锥台侧面通过展开,化归相应平面图形来求.这样,我们常见的图形的面积公式推导或具体计算,就形成一个多阶段化归网络(如图 39).

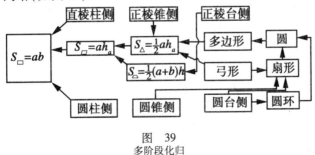

图 39
多阶段化归

例2 方程求解回顾.

在中小学见到的各种方程的求解,也形成一个多阶段化归的网络(图40).

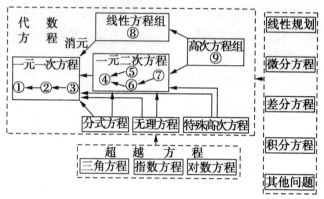

图 40

对此,说明如下:

(1)一元一次方程:①$x=m$,一眼可看出解的最简单方程;②$ax=c$ 或 $ax+b=0(a\neq0)$,通常化为①;③任意一元一次方程,通过整理(去括号、去分母、移项合并同类项等),化为②.

特别,对方程 $ax=c$ 的如下讨论很重要

$$ax=c\begin{cases}\text{i})a\neq0,\text{有唯一解 }x=\dfrac{c}{a}\\ \text{ii})a=0,\begin{cases}c=0,\text{解是任何数}\\ c\neq0.\text{无解}\end{cases}\end{cases}$$

(2)一元二次方程(总的思路是"降次").

④$x^2=m$;$m\geq0$,开平方化为①;$m<0$,无实根.

⑤$ax^2=c(a\neq0)$:两边除以 a,化为④.

⑥$(ax+b)^2=c(a\neq0)$:$c\geq0$,两边开平方化为②;或用代换,化为④.

⑦$ax^2+bx+c=0(a\neq 0)$:配方化为⑥,导出求根公式.

(3)方程组(总的思路是"消元")

⑧二、三元一次方程组:消元,化为②.

⑨二次方程组:消元降次化为②或⑦.

(4)分式方程、无理方程、特殊高次方程通过代换、去分母、有理化、析因等加以转化(有理化、整式化、降次).

(5)超越方程化为代数方程.

(6)高等数学及专门数学领域的有关问题,几何、物理、化学中的问题也可转化为代数方程求解.

2.化归——数学家特有的思维方式

通过上节对例题的分析,读者也许已经意识到,这种转化有一个特点,那就是转化的初衷和归宿,都是一个已解决的(或较易的,或较为熟悉的)问题或已有的方法.这种变换或转化,称之为化归.

在数学方法论中所说的"化归方法"(也就是数学思维中的"化归策略")就是指把待解决的问题,通过某种变换过程,归结到一类已解、易解或可解的问题中去,其一般图式如图41所示.

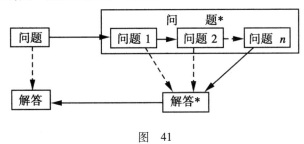

图 41

原则与策略

下面通过一些逸事和有关言论,说明化归确实是数学家思维的特有方式.

在匈牙利数学家路沙·彼得写的小书《无穷的玩艺》中,有一大段脍炙人口、且在各种方法论著作中被频繁引用的生动描述,我们略加改变也引用如下:

甲:现在,在你面前有煤气灶、大壶、水龙头和火柴,你想烧水,该怎么做?

乙:在壶中灌满水,放在灶上,点火烧就是了.

甲:对! 但如果壶中已灌好了水呢?

乙:把壶放在灶上,点火烧即可.

甲:只有物理学家才这样做. 数学家呢?

乙:数学家的做法是:把水倒掉,按原问题去解.

路沙·彼得解释说:这种在常人看来似乎可笑的做法,却是数学家的一种思维习惯,"他们往往不是对问题进行正面攻击,而是不断地将它变形,直至把它转化成能够解决的问题."

在日常生活中这样的事也很多,比如我们外出办完事要回家的问题往往化为怎样走的问题,又转化为"购票"的问题;赶乘公共汽车,我们为了少走一点路,去较近的车站,有时要往后走. 就都是这种思维方式.

在历史上,不少哲学家、数学家谈论过"化归". 如笛卡儿就提出过"万能方法":

第一,把任何问题化为数学问题;

第二,把任何数学问题化为代数问题;

第三,把任何代数问题化为方程求解.

把一个"问题"连续进行三次变换,化成一个方程来求解,笛卡儿对这个数学思维的策略描述得十分清楚. 他的"解析几何"的思想就是这一策略的一个成功

的运用:将一般问题通过抽象,化为几何问题,通过在平面上建立坐标系,再把几何问题化为代数方程问题,从而可按"通用的运算"一般地处理综合几何中许多技巧性很高的问题. 这种数形在微观层次上的结合(一种同构对应),不仅开拓了相互为用的广阔天地,而且沟通和融合了数学的两个基本领域:数和形,几何与代数,数值领域和空间.

然而有些评论是过于苛求古人了. 比如说:"不是任何问题都能化为数学问题". 其实,这不过是人们的常识,笛卡儿岂能不知,我想,这可能是翻译上的语气问题,但关键在于,笛卡儿说的,是一个方法论的原则,而不是问题能否转化的论断.

在笛卡儿以后,英国哲学家霍布斯也非常一般地谈论过这个转换、联想的"方法论原则". 波利亚《解题表》中"拟订方案"这一步骤中的问题与建议,大多是提示人们用化归思维策略的. 在《数学发现》一书中,又进一步提出:

(在面对要解决的问题时,应考虑):这是什么类型的问题? 它与某个已知的问题有关吗? 它像某个已知的问题吗?

(从要求的元素、特征的命题出发,去考虑):这里所谓的关键事实是什么? 有一个具有同型未知的问题吗? 有一个有同样结论的定理吗?

(从更一般的角度):你能设想出一个相关的题目吗? 一个同类型的题目? 一个类似的题目? 一个更一般的题目? 一个较特殊的题目?

这样,波利亚就一步步地提示我们,依据原问题求解的需要,从我们的"数学认知结构"中,引出"可用的

原则与策略

相关问题",而这也就为实现由未知向已知的转化铺设了具体的道路.

"化归"的例子在数学中,确实俯拾即是,分割求积反映了"整体向部分化归",二次方程配方解法反映了"一般向特殊化归"."取对数"是由高级运算向低级运算化归,特别是"解析几何"反映了代数与几何问题的双向化归.对此,我国知名数学家、数学方法论专家徐利治教授分析说:

第一,着眼点的变化:这里,已不仅是解决某一单个问题,而是建立了一种明确的程序,以普遍有效地去解决某一类问题.

第二,实现的是两个对象系统间的转化,即在两个关系结构(即具有确定的数学关系的数学对象的集合)间建立了一一对应关系(即同构关系).

第三,由复杂向简单、难向易、技巧向通用的转化,都是在严格的数学形式下实现的.因此,保证了结论的可靠性.

徐利治教授进一步分析说:明确的对应关系数学中谓之映射,又由于其在正反方向上都得到了运用:由原问题"化归"成新问题,又由新问题的解答"化归"出原问题的解答.但两相反方向的"化归"是有区别的,因此,如称正方向的化归为"映射"φ,则反方向的化归即为"反演"φ^{-1}.于是徐利治教授获得了一个十分重要的数学思维模式——关系映射反演方法(图42).

说明:给定一个含有目标原象 x 的关系结构 S,如果能找到一个可定映的映射 φ,将 S 映入或映满 S^*,则从 S^* 中通过一定数学方法把目标映象 $x^* = \varphi(x)$ 确定出来,进而,通过反演 φ^{-1} 又把 $x = \varphi^{-1}(x^*)$ 确定出来,这样,原问题就得到解决. 此法常称 RMI 原则.

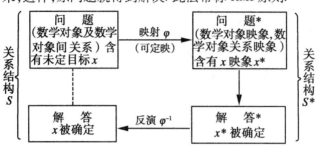

图 42

这是一种抽象程度更高、更精确、符号化了的化归方法,达到了"数学化"水平,这使它更容易理解,更便于操作.

有一个著名的例子非常贴切地说明这一方法,就是"照镜刮胡子问题":刮胡子主要是处理好刀、胡位置关系(x)问题,常照着镜子(φ)处理,当把镜子里刀、胡映象位置(x^*)处理好了(x^*被确定)时,生活经验告诉我们(φ^{-1}),实际问题(x)也就处理好了(x被确定).

中学数学里可用 RMI 原则处理的题目很多,典型的如函数法、代换法、方程法(如解应用题)、坐标法、复数法、辅助线法等. 仅举两例.

例 1 当我们掷铅球时,在用力一定的情形下,按多大角度掷出,可掷得最远?

解 设抛掷初速为 v_0,抛掷角(即抛掷方向同地面所成的角)为 $\theta(0°\leqslant\theta\leqslant 90°)$,人身高为 h. 则铅球从 $A(0,h)$ 投出,t 秒后,如无重力,它会达到 B 点(图43). 而事实上,由于重力作用,下降了 $\frac{1}{2}gt^2$,实际位置

原则与策略

是 $P(x,y)$. 那么易见有

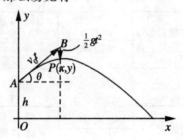

图 43

$$\begin{cases} x = v_0 t\cos\theta \\ y = h + v_0 t\sin\theta - \frac{1}{2}gt^2 \end{cases}$$

这里,h,v_0,g(重力加速度)都是常数,我们要求的是 x 的最大值,那么,就要使铅球在空中运行尽可能多的时间,也就是要它飞得尽可能高,即先求 y 的最大值. 由 y 的表达式知,y 的最大值在

$$t = -\frac{v_0\sin\theta}{2\left(-\frac{1}{2}g\right)} = \frac{v_0}{g}\sin\theta$$

时达到,这时

$$x = v_0 \cdot \frac{v_0}{g}\sin\theta\cos\theta = \frac{v_0}{2g}\sin 2\theta$$

因为 $\sin 2\theta \leq 1(0° \leq \theta \leq 90°)$,所以当 $\sin 2\theta$ 达到自己的最大值 1,即 $\theta = 45°$ 时,x 达到最大值 $\frac{v_0^2}{2g}$. 即投掷角为 $45°$ 时,抛出的距离最远.

求解过程可用框图表示(图 44).

例 2 解方程 $2x + 3 - x\sqrt{x-1} = 5$.

解 命 $y = \sqrt{x-1}\,(y \geq 0)$,则 $x = y^2 + 1$,有

$$2(y^2+1)+3-(y^2+1)y=5$$
$$y^3-2y^2+y=0$$
$$y(y-1)^2=0$$
$$y_1=0, y_2=y_3=1$$

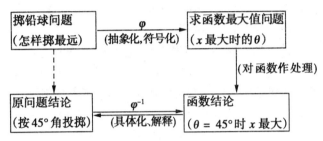

图 44

再由 $x=y^2+1$ 得 $x_1=1, x_2=x_3=2$. 经检验, 都是原方程的根.

其求解过程是(图45).

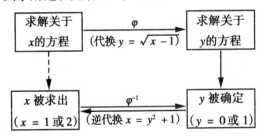

图 45

3. 变换种种

按数学问题一般结构,其主要部分,求解题是已知、未知、条件和指令,证明题则是题设、结论和指令.

如不考虑指令,则所谓"变换题目",无非是变换已知、未知、条件或题设和结论,因此,其具体途径就是:加强或减弱相关部分;对式子加以变形;改变图形位置或结构;进行语言转换(如符号化)等等.我们着重研究如下几类.

(1)特殊化与一般化.

在数学解题中,所谓"特殊化"(即限定),是指选取问题的特例加以研究,如得以证实,则起到"使一般结论更可靠"或提示方法的作用,如特例被否,则等于找到一个反例,从而原问题被反面解决.只在极少数情形下,能找到特殊的等价问题.看几个例子.

例1 设 γ 为素数,求证 $\sqrt{\gamma}$ 为无理数.

作为特例,先证 $\sqrt{2}$ 是无理数,假设 $\sqrt{2} = \dfrac{q}{p}$ 为既约分数,即 p,q 为互素自然数,则 $2p^2 = q^2$,说明 $2|q$,设 $q = 2t$,则 $2p^2 = 4t^2, p^2 = 2t^2$,说明 $2|p$,与 p,q 互素的假设矛盾,故 $\sqrt{2}$ 为无理数.

这是个典型证法,它确认了数学史上第一个不是有理数的数,开拓了数学史的一个新时代.自然,也提示了证明 $\sqrt{\gamma}$ 为无理数的一般方法.

例2 设 AB 是 $\odot O$ 一条定弦(如图46). AP, AQ 是两条动弦,且保持与 AB 的夹角相等,求证:PQ 有定向.

"保持与 AB 夹角相等"就是 $\angle PAB = \angle QAB$,而"PQ 有定向"意味着什么?可否按如下几条考虑:

ⅰ)再取 P_1, Q_1,使 $\angle P_1AB = \angle Q_1AB$,则 $PQ \parallel P_1Q_1$.

ⅱ)$PQ \parallel$ 某条定直线.

ⅲ) $PQ \perp$ 某条定直线.

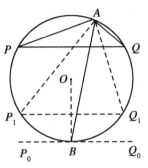

图 46

其中 ⅰ) 看来好证(因为 $\overparen{BP}=\overparen{BQ},\overparen{BP_1}=\overparen{BQ_1}$,所以 $\overparen{PP_1}=\overparen{QQ_1}$ 从而 $PQ /\!/ P_1Q_1$). 可 ⅱ) ⅲ) 中有难处,就是不知这条"定值线"在哪里. 这时,可考虑一个"极特殊情形"(注意:这就是在用特殊化法!):让 $\angle PAB = \angle QAB = 0°$,$PQ$ 就"化"作过 B 点的切线 P_0Q_0,如果 P_0Q_0 就是那条"被平行"的直线的话,则 BO 就是那条"被垂直"的直线,那么路 ⅱ) ⅲ) 也就通了.

这里的特例,是个"极特殊情况". 波利亚的《数学与合情推理》中,也有一个妙趣横生的例子:

例3 两人轮流向一张矩形桌子上放同样大小的钱币,约定不能重叠,放上最后一枚者为胜家. 问谁有必胜策略,是先着的还是后着的?

想到的极特殊情形是:桌子很小,以至于只能放一枚钱币,这时,自然先着者胜. 试问,这对我们有何启示?(如未想出,可考虑桌子恰放下三枚钱币的情形)能说在一般情形下,也是先着者胜吗? 如果是,着法如何?

解答了如上三个问题,则请问:

原则与策略

①能推广此题吗?桌子可以"推广"到什么形状仍是先着者胜?

②规则同上,对桌子经过怎样处理,可使后着者胜?

③题目还可怎样变?

④按此题着法和胜负规定,还可设计出怎样的游戏?(答案可在本书第七章第2节中找到)

例4 勾股定理的巧证.

在这个"巧证"中,出现了一般等价于一个特例的情况,为节省篇幅,这里不录.有兴趣的读者可参阅波利亚《数学与合情推理》一书的第二章的§5;或杨之与王雪琴合著的《数学发现的艺术》一书第二章.

例5 试求抛物线 $y = x^2$ 在 $(1,1)$ 点处的切线斜率.

我们干脆考虑 $y = x^2$ 在 $A(x_0, y_0)$ 处的切线(图47).但画图示意容易,实际求出就不那么容易.于是我们想到割线,一方面,它的斜率好算,而切线又是它的特例.

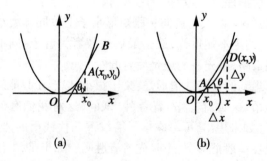

图 47

为了求割线斜率,我们在 A 附近找一点 $D(x,y)$,

设 AD 倾斜角为 $\theta(0° \leqslant \theta < 180°, \theta \neq 90°)$,则由图 47 (b)可见

$$k_{AD} = \tan\theta = \frac{\Delta y}{\Delta x} = \frac{y - y_0}{x - x_0}$$

由 A, D 两点坐标,即可求 k_{AD}. 现在,让 D 向 A 靠拢,当 D 与 A 重合时,割线 AD 就变成切线 AB,且 $k_{AD} \to k_{AB}$. 这时 $\Delta x \to 0, x \to x_0$

$$\begin{aligned} k_{AB} &= \lim_{D \to A} k_{AD} = \lim_{x \to x_0} \frac{y - y_0}{x - x_0} \\ &= \lim_{x \to x_0} \frac{x^2 - x_0^2}{x - x_0} \\ &= \lim_{x \to x_0} \frac{(x + x_0)(x - x_0)}{x - x_0} \\ &= \lim_{x \to x_0} (x + x_0) \\ &= 2x_0 \end{aligned}$$

如取 $x_0 = 1$,则 $y_0 = 1$,于是曲线 $y = x^2$ 在点 $(1, 1)$ 处的斜率

$$k_0 = 2$$

此题求解过程可归结为框图 48.

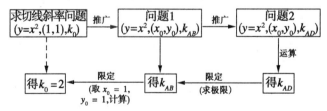

图 48

这里的方法不仅适用于曲线 $y = x^2$,而且适用于一大类"光滑"曲线 $y = f(x)$ 和求函数 $S = f(t)$ 的瞬时变化率等,具有一般性.读者不妨就 $S(t) = at^3 + bt^2 +$

$ct+d(a\neq0)$ 一试.

（2）同解变形与同值变形.

有的数学问题,涉及式子,因此,式的变形也就引起题的变换. 拿"解方程"来说,它既是方程不断变换的过程,也就是式的不断变形的过程. 因为这是读者司空见惯的东西,这里仅举一例.

例6 解下列方程：

① $\sqrt{2x^2+7x}=x+2$.

② $\dfrac{1}{x+2}+\dfrac{4x}{x^2-4}+\dfrac{2}{2-x}=1$.

解 ①两边平方,整理
$$x^2+3x-4=0$$
所以 $x_1=1, x_2=-4$(舍去).

②两边乘上 $(x+2)(x-2)$,整理
$$x^2-3x+2=0$$
所以 $x_1=1, x_2=2$(舍去).

两个方程求解过程中,都出现"增根",就是说："两边平方","两边乘以一个整式"这种变形,一般说来,未必是同解变形,而是"有可能产生增根的变形".还有一种"可能产生的根的变形",如"两边同加上一个分式","两边同除以一个整式"等"同值变形"（即恒等变形）就是,如

$$x^2+x=0 \xrightarrow{\text{两边各加}\frac{1}{x}} x^2+x+\frac{1}{x}=\frac{1}{x}$$

$$x^2+x=0 \xrightarrow{\text{除以}(x+1)} x=0$$

则前者使方程失根 $x=0$,后者使方程失根 $x=-1$.
在数学中,一般不使用"可能失根的变形",因为

失了无处寻,而增根则不要紧,经过检验剔除即可.

(3)图形的变换.

解几何题,往往要不断对图形进行变换,以达到变换题目的目的,如证勾股定理,先在各边上画正方形(向外),然后进行割补(等积变形);为了应用某定理,要通过变换(平移、旋转、对称、作辅助线等)把图形化归到定理、公理、概念关联的图形(称为基本图形).本书中多次用到这些变换,现在研究几例.

例 7 设 A,B 是直线 l 同侧两点,试在 l 上求一点,使之到 A,B 距离之和最小(图 49(a)).

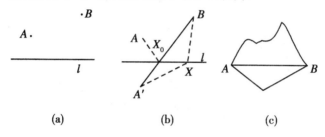

图 49

通常解法是:取 A 关于 l 的对称点 A',$A'B$ 交 l 于 X_0,则 X_0 即为所求.事实上,设 X 为 l 上任一点,则有

$$AX_0 + BX_0 = A'X_0 + BX_0$$
$$= A'B \leqslant A'X + BX$$

(当且仅当 X 与 X_0 重合时,取等号)所以 $AX_0 + BX_0$ 最小.

在此解法中的辅助线,构造了两个基本图形(图 49(b)):一个轴对称点的图形和一个"两点间线段最短"的图形(即图 49(c)),这就是对称法解题的常用模式.

例 8 设 P 为 $\odot O$ 外一点,PA,PB 分别切 $\odot O$ 于

A,B,直线 PCD 交 $\odot O$ 于 C,D,过 A 作弦 $AE /\!/ PCD$,连 EB 交 CD 于 F,求证:F 为 CD 中点.

这是 1990 年有人"请教"过的一道题,原题表述很长,画出图来(图 50),题意很清楚,观察图形,当时产生了如下几条思路:

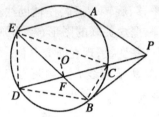

图 50

ⅰ)连 OF,希望证 $OF \perp DC$;

ⅱ)连 EC,ED,希望证 EF 是 $\triangle EDC$ 中线;

ⅲ)连 $ECBDE$,希望证 $S_{\triangle EDB} = S_{\triangle ECB}$;

ⅳ)连 AF,AC,希望证 $\triangle ACF \cong \triangle EDF$.

但总觉得证"$OF \perp DC$"最有希望,为什么?说不大清楚,大约是它比较简单吧.可左试右试,总不成功,原因是 PA,PB 两切线总是贴不上边,用不上.

考虑了几天,先证出了一种特例:过 P 作割线 $PC'D'$ 过 O(图 51),因 $\angle EAB = 90°$,F 即与 O 重合,自然平分

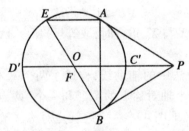

图 51

$D'C'$. 这一特例虽未启迪出新的思路,却发现了"连

PO,OB"这两条辅助线,如能证 P,O,F,B 四点共圆,则问题得解(图52).事实上,所作辅助线和符号如图52,则有

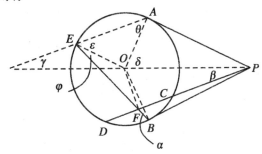

图 52

$$\delta = \gamma + \theta = \beta + \theta (因为 AE /\!/ PD)$$
$$= \beta + \varepsilon \quad (因为 OA = OE)$$

又

$$\delta = \frac{1}{2}\angle AOB = \angle AEB$$
$$= \varepsilon + \varphi = \varepsilon + \alpha \quad (因为 \varphi = \alpha)$$

所以

$$\beta + \varepsilon = \varepsilon + \alpha$$
$$\beta = \alpha$$

P,O,F,B 共圆

$\angle OFP = \angle OBP = 90°$ （因为 B 是切点）

即 $OF \perp DC$,知 F 是 DC 中点.

好不容易证出来了.但总觉太繁,而且切点性质用得不充分(A 的切点性质未用上!)而如图53的两种情形只考虑了一种.因此,须继续完善和简化.又过了几天,终于想到了如下简明统一的证法:

连 AO,BO,OF,AB,则

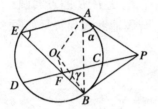 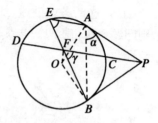

图 53

$$\alpha = \angle E$$
$$= \gamma \, (AE /\!/ CD)$$

所以 A, F, B, P 共圆. 又 A, O, B, P 共圆, 所以 F, O, P, B 共圆 (下略).

自然, 还会有别的好证法, 但如上思考过程是富有教益的.

例9 在 $\triangle ABC$ 中, D, E, F 分别是 AB, BC, CA 中点, 作 $DP \perp AB$ 且 $DP = \frac{1}{2}AB$, $EQ \perp AC$ 且 $EQ = \frac{1}{2}AC$. 连 PE, QF, 试证 $PF \perp QF$.

有一个"证明"是这样的: 如图 54, 连 DF, EF, 则

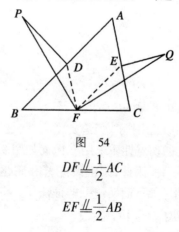

图 54

$$DF \underline{\underline{\parallel}} \frac{1}{2} AC$$

$$EF \underline{\underline{\parallel}} \frac{1}{2} AB$$

故 $EF = PD, EQ = DF, \angle PDF = \angle A + 90° = \angle FEQ$,所以 $\triangle PDF \cong \triangle FEQ$. 又 $QE \perp AC, AC \parallel DF$,故 $QE \perp DF$,同理 $PD \perp EF$,所以 $PF \perp QF$.

看了最后一步推理,容易认为有如下

"定理:如果全等三角形有两边对应垂直,则第三边也互相垂直."

但图 55(作为反例)表明,这"定理"是个假命题. 因在全等 $\triangle ABC$ 和 $\triangle A'B'C'$ 中,$AB \perp A'B', AC \perp A'C'$,可 BC 并不垂直于 $B'C'$. 再仔细看图 54,不难看出,全等 $\triangle PDF$ 和 $\triangle FEQ$,除了 $PD \perp EF, DF \perp EQ$ 外,还有对应边排列顺序相同. 事实上,是一种旋转变换. 从而想到如下优美定理:

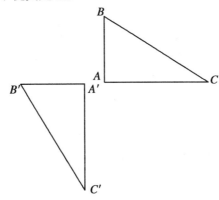

图 55

定理 两相似凸多边形边的排列顺序相同,如有一组对应线段互相垂直,则任何对应线段互相垂直.

你看,一个不完整的证明一旦被察觉,它往往"送给"我们一条定理!

4. 变换溯源

当问题难以直接求解的时候,我们就要对它进行变换、转化,用另一个问题取代它. 可是,我们想过没有:为什么变换可以找到原问题的解呢? 难道在"变换"中,把"难"、"未知"、"复杂"给变掉了,"解"却保存了下来? 是这样吗?

是的,确实是这样的. 原来,任何事物在变化中,总有不变的因素;一切都变是没有的,是不可能的. 比如,我们对式子进行化简、配方、展开、析因

$$3x + 5x - 6x = 2x$$

$$ax^2 + bx + c\,(a \neq 0)$$
$$= \frac{1}{4a}(4a^2x^2 + 4abx + b^2 - b^2) + c$$
$$= \frac{1}{4a}(2ax + b)^2 - \frac{b^2}{4a} + c$$
$$= \frac{1}{4a}(2ax + b)^2 + \frac{4ac - b^2}{4a}$$

$$(a+b)^n = a^n + C_n^1 a^{n-1} b + \cdots + C_n^n b^n$$
$$a^n - 1 = (a-1)(a^{n-1} + a^{n-2} + \cdots + a + 1)$$

都是恒等变形:形变而值不变;解方程,用的则是同解变形(形变解不变)或不失根的变形(形变解不失);解几何题添设辅助线,是(图)形变而元素间特定关系不变(若说变,是由隐蔽变为明显);几何图形的"运动"(平移、旋转、翻折),相对位置变了,形状、大小不变;"相似"变换则是大小变而形状不变.

但是,若一切都变(如果可能的话)或一切都不

第 6 章　变换思维策略

变,那只能是无所作为. 如解方程 $2x=5$,你变成了 $120t^2>6$,那有何用？又如随意添辅助线等,都是于事无补的"变换",因此,我们应当学会用实质上是有价值的"有变有不变"的变换.

模块思维策略

第 7 章

我们的第四个建议是:你应当随时注意筛选和积累典型问题研究的一般思维过程和具体的处理方法,以备整体运用.

波利亚在《解题表》中,从储备和联想取用两个方面设计了一系列建议和问句.如在"拟订方案"中,有:

你是否知道与此有关的题目?是否知道可能用得上的定理?

这是一个与你的题目有关且已解出的题目,你能用它吗?能用它的结果吗?能用它的方法吗?

在"回顾"中,则有

你能不能把这一结果或方法用于别的题目?

博学顺先生对此作了绝妙的解释.他在《数学思维方法》一书中说:

波利亚教学法和数学思维教学法最精妙的一条是:要求中学生和中学教师,从自己思维的第一秒开始,就记住思维过程,特别是记住由失败到成功的转折,由部分成功到完全成功的修正,重要知识的动员,重要思维方法的使用或发现,重要应急修正措施的出台……思维一结束就尽快整理、描述和再现这个过程,随时准备有同学来问,随时准备教给中学生.许多高材生自我训练成难得的小先生,许多教师自我训练成教学骨干,靠的往往就是这一招.

1. 思维的简约与加速

人类的思维,大体上是由"动作经验思维"经由"形象思维",逐渐向抽象思维和逻辑思维发展的,而概念的使用,不仅增进了思维的概括性、精确性、抽象性,从而使推理成为可能,而且使思维逐渐简约,加速了解疑释难、处理问题的进程. 比如,我们在思维中用到"解方程"一词,如果把它用"原意"代替,那就是:

对一个含有未知数的等式,判断是否有未知数的值,使其两边的数学式的值相等,且如果有的话,就把它求出来.

已经够啰嗦的了,可这里边仍有概念:"未知数"、"含有"、"等式"、"数学式"等概念,如果还要"恢复原意",则语言不仅倍加臃肿,且对思想内容的承载力减弱,延缓思维,增大消耗,这将是语言的退化. 所以,逐层递进的概念、范畴的使用,实在是语言进步的标志,因为它使语言的含义、信息"浓度"加大,思维简约、加速,消耗降低. 然而,仍不敷数学之用,它按自己特有的方式(系统地使用符号)"加浓"语言,简约和加速思维. 这一发展和变化的过程,很像计算机由机械的,变为电子管的,再到晶体管的阶段.

下一步如何? 计算机进入了集成电路甚至大规模集成电路的阶段. 数学思维呢? 将会如何? 是否用类似的方法使自己简约加速?

先看几个例子.

例 1 如图 56,$ABCDE$ 是任意等边凸五边形,P 是其内部任意一点,试证:P 到各边的距离之和为定值.

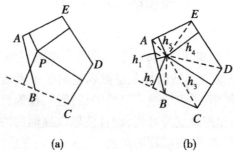

图 56

如果读者在阅读下文之前先自行试解一番,自然会感到它有多难. 可是,若我们知道维维安尼定理的面积证法(见本书第 3 章第 1 节)则会毫不犹豫地连 PA, PB, $\cdots$, PE, 写出如下证明(图 56(b))

$$S_{\triangle PAB}+S_{\triangle PBC}+\cdots+S_{\triangle PEA}=S_{ABCDE}=S \quad (*)$$

设 $AB=BC=\cdots=EA=a$,P 到 $AB,BC,\cdots,EA$ 的距离依次为 $h_1,h_2,\cdots,h_5$,则 $(*)$ 化为

$$\frac{1}{2}ah_1+\frac{1}{2}ah_2+\cdots+\frac{1}{2}ah_5=S$$

所以 $\qquad h_1+h_2+\cdots+h_5=\dfrac{2S}{a}$ (定值)

从而加速了求解过程.

如果我们是有心人,即应考虑这"面积证法"还适用于哪些题?(如等边凸 n 边形),能否联想到"体积证法"(如等面凸多面体内任一点……). 特别,如应用于任意三角形,则导致于一个小小的新发现:

定理 三角形内任一点到各边的距离与其对角正弦之积的和为定值.

可以这样证:设 P 为 $\triangle ABC$ 内任一点,记 $AB = c$,$BC = a$,$CA = b$,P 到 a, b, c 的距离为 h_a, h_b, h_c,连 PA,PB, PC(请读者自画一图),则有

$$S_{\triangle PAB} + S_{\triangle PBC} + S_{\triangle PCA} = S_{\triangle ABC} = \Delta$$

即

$$\frac{1}{2}ch_c + \frac{1}{2}ah_a + \frac{1}{2}bh_b = \Delta$$

为了从 a, b, c 中提取共同成分,应用正弦定理(这里 $2R$ 为 $\triangle ABC$ 外接圆直径)

$$\frac{a}{\sin A} = \frac{b}{\sin B} = \frac{c}{\sin C} = 2R$$

则

$$R\sin A \cdot h_a + R\sin B \cdot h_b + R\sin C \cdot h_c = \Delta$$

所以

$$h_a \sin A + h_b \sin B + h_c \sin C = \frac{\Delta}{R}$$

例 2 已知 A, B 是直线 l 同侧两点,试在 l 上求一点 X_0,使得 $AX_0 + BX_0$ 最小.

这里,所谓 $AX_0 + BX_0$ 最小,是指:设 X 是 l 上任意一点,那么就是 $AX_0 + BX_0 \leq AX + BX$,通常的证法是(如图 57 所示)采用"对称法"把 $AX + BX$"拉直":设 B' 是 B 关于 l 的对称点,连 BB' 交 l 于 X_0,则 X_0 即为所求.

原则与策略

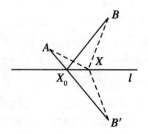

图 57

事实上，在 l 上任取一点，连 $AX, BX, B'X, BX_0$，则

$$AX_0 + BX_0 = AX_0 + B'X_0$$
$$= AB'$$
$$\leqslant AX + B'X$$
$$= AX + BX$$

当且仅当 X 与 X_0 重合时取等号.

如果我们认知结构中存储了这个证法，则"对付"如下问题当不会有多大的困难：

①设 A, B 是平面 α 同侧两点，试在 α 上求一点 X_0，使 $AX_0 + BX_0$ 最小.

②设 A, B 分别是二面角 α-l-β 的面 α, β 上的点，试在 l 上求一点 X_0，使 $AX_0 + BX_0$ 最小.

③设 A, B 为平面 α 外两点，l 是 α 内一条直线，试在 l 上求一点 X_0，使得 $AX_0 + BX_0$ 最小.

④$ABCD - A_1B_1C_1D_1$ 是一个长方体，一只蜘蛛要从 A 沿表面爬到 C_1，它怎样爬最近？

⑤如图 58 所示，A, B 是河 L 两岸的村庄，试在 L 上选一个桥址，使从 A 经过桥到 B 的路程最近（桥只能垂直于河岸修建，村庄到桥头可沿着直线走）.

⑥P 是 $\angle AOB$ 内任一点，试在角两边上各求一点 Q 和 R，使 $\triangle PQR$ 周长最小.

⑦称三顶点分别在△ABC 三边上的三角形为它的内接三角形,D,E,F 分别为△ABC 三边上高的垂足,试证:△DEF 是△ABC 的周长最小的内接三角形.

⑧A,B 是圆柱(锥、台)表面上两点,从 A 沿表面到 B,哪条路线最短?

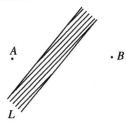

图 58

难道,在我们求解这些问题的时候,例2 解题的方法或思路,总能帮助我们吗?

例3 抛物线经过点$(-1,10),(1,4),(2,7)$,求其解析式.

设抛物线为 $y = ax^2 + bx + c$,把已知三点坐标代入,即得方程组,解之,即求出 a,b,c,从而获解析式

$$y = 2x^2 - 3x + 5$$

此题的解法可用于一大类"三点定抛物线"问题.可是,能否求出一个公式?那么就要求解如下一般问题:

已知抛物线 $y = ax^2 + bx + c$ 过不共线三点(x_i, y_i) $(i = 1,2,3)$,试求其解析式.

为了用点的坐标定出 a,b,c,我们自然想到(按例3 的提示),应去解关于它们的如下方程组

原则与策略

$$\begin{cases} x_1^2 a + x_1 b + c = y_1 & \text{①} \\ x_2^2 a + x_2 b + c = y_2 & \text{②} \\ x_3^2 a + x_3 b + c = y_3 & \text{③} \end{cases}$$

这时,我们又想到"消元法",这自然是可以的,我们试试:①-②,②-③

$$\begin{cases} (x_1^2 - x_2^2)a + (x_1 - x_2)b = y_1 - y_2 & \text{④} \\ (x_2^2 - x_3^2)a + (x_2 - x_3)b = y_2 - y_3 & \text{⑤} \end{cases}$$

由于抛物线 $y = ax^2 + bx + c(a \neq 0)$ 上没有平行于 y 轴的弦,故 x_1, x_2, x_3 均不等,即未知数 a, b 的系数不会都为零,我们继续解④·$(x_2 - x_3)$ - ⑤·$(x_1 - x_2)$ 得

$$[(x_1^2 - x_2^2)(x_2 - x_3) - (x_2^2 - x_3^2)(x_1 - x_2)]a$$
$$= (y_1 - y_2)(x_2 - x_3) - (y_2 - y_3)(x_1 - x_2)$$

于是可求出 a,代入④或⑤可求出 b,再代入①即可定 c。然后我们耐心地对所求的表达式加以整理,即会获得系数表达式的"行列式形式"。事实上,翻阅一下当今高中数学课本印而不学的教材"行列式",不难知道有公式

$$a = \frac{D_a}{D}, b = \frac{D_b}{D}, c = \frac{D_c}{D}$$

其中

$$D = \begin{vmatrix} x_1^2 & x_1 & 1 \\ x_2^2 & x_2 & 1 \\ x_3^2 & x_3 & 1 \end{vmatrix}$$

(因为 $(x_1, y_1), (x_2, y_2), (x_3, y_3)$ 不共线,$D \neq 0$),而

$$D_a = \begin{vmatrix} y_1 & x_1 & 1 \\ y_2 & x_2 & 1 \\ y_3 & x_3 & 1 \end{vmatrix}, D_b = \begin{vmatrix} x_1^2 & y_1 & 1 \\ x_2^2 & y_2 & 1 \\ x_3^2 & y_3 & 1 \end{vmatrix}, D_c = \begin{vmatrix} x_1^2 & x_1 & y_1 \\ x_2^2 & x_2 & y_2 \\ x_3^2 & x_3 & y_3 \end{vmatrix}$$

第7章 模块思维策略

行列式自然好记,但不好算(每个有六项),有没有简便的方法?数学上有一条不成文的"习惯":要反复做的事,就要找一个操作简便的方法(这也是反思和审美原则在起作用).这就促使我们想到第三章讲过的孙子—程—华原则.我们用用看:对于我们的问题来说,这原则就是"逐点列式,赋权迭加"的方法:先求在 $x=x_1$ 时值为 1,在 x_2,x_3 处值为 0 的函数.命

$$h(x)=h_0(x-x_2)(x-x_3)$$

则 $h(x_2)=h(x_3)=0$,再由 $h(x_1)=1$ 得

$$h_0(x_1-x_2)(x_1-x_3)=h(x_1)=1$$

由于 $x_1\neq x_2, x_1\neq x_3$,故 $h_0=1/(x_1-x_2)(x_1-x_3)$,所以

$$h(x)=\frac{(x-x_2)(x-x_3)}{(x_1-x_2)(x_1-x_3)}$$

应用类似方法求出相应的 $g(x)$ 和 $k(x)$,赋权迭加即得

$$\begin{aligned}y&=y_1h(x)+y_2g(x)+y_3k(x)\\&=\frac{(x-x_2)(x-x_3)}{(x_1-x_2)(x_1-x_3)}y_1+\frac{(x-x_3)(x-x_1)}{(x_2-x_3)(x_2-x_1)}y_2\\&\quad+\frac{(x-x_1)(x-x_2)}{(x_3-x_1)(x_3-x_2)}y_3\end{aligned}$$

这就是华罗庚插值公式.在一般情形下即 n 点插值问题,也不难写出相应的公式.

由这三例不难看出,一道题解法或思路的应用,生搬硬套恰好合适的情况,是少见的,更多的是需要变通、活用,有时甚至要对它进行革新.而这里"变通活用"的,就是所谓"思维模块".

原则与策略

2. 积累数学思维模块

正如上一节通过例子说明的,数学类似于集成电路的,在运用概念和符号进行思维以后,进一步简约、加速思维和降低消耗的方法,就是运用模块思维. 傅学顺先生说:

在火车站出口处,在熙熙攘攘,人头攒动,比肩继踵的人流中,常常看见一些人迅速认出亲人时的雀跃、激动和呐喊.

他解释说:

认亲人之所以快,是因为曾经朝夕相处,脑子里存有亲人的整体形象. 现场无须核对眼鼻口五官,只须核对脸庞,速度之快,不易受流动人群的遮挡干扰,真是奇迹. 同样地,拔尖学生反应之快,常令师生惊叹,实际上也是勤奋积累的结果. 积累什么? 积累知识方法的"整体形象".

这"整体形象",具体说来又包括如下三个方面:
一是思维方法和招数;
二是从定理引申出的基本问题和定理之外略带招数的基本命题;
三是解过的老问题和它带有原则性的一般解题策略.

这"整体形象"就是我们说的思维模块,是由知识通向思维的桥梁,它具有知识和思维的双重品质,是镶嵌在数学认知结构上的明珠,是认知结构得以正常快速运转的枢纽.

第7章 模块思维策略

通过研究和实践发现,这种"思维模块"既有共性,又有个性,就是说,它们具有通用的性质、功能(即知识、方法的一面),又具有个人的特色(思维的一面),这也就决定了它像人的整个认知结构一样,不可能整块地一下子从外部搬入,而必须通过个人的解题、研究、筛选、重述、引用和改造革新逐渐从内部积累.

个人怎样积累?

经验告诉我们:有的带有原则性的基本问题,可直接作为模块;有的则必须先转化,然后从中认出所包含的模块;有的问题需经肢解,而后把某些部分转化成模块. 具体做法是:一边解题,一边萃取思维方法,一边析出模块,一边对题目加以分类处理(有的可作思维方法的例证,有的可作模块的典型例题,有的无价值予以淘汰). 最后,把这些素材加以抽象概括,进行方法论化的处理,形成思维模块.

作为示例,我们检索一下本书研究过的一些问题,看从中可萃取什么样的思维模块.

(1)在第一章第4节、第二章第2节,我们分层次研究过一个由算术、代数、几何问题构成的混合题组. 可形成:

模块 1. 兔子繁殖——黄金分割题组及其处理方法.

此类问题的特点是某事物(数、式、线段、图形、方法)反复按同一方式繁衍、再生.

处理的基本思路是弄清再生的规律,或从代数方面考虑,转化为一个逆归方程

$$f_{n+2} = f_{n+1} + f_n \ (n=1,2,\cdots) \ f_1 = f_2 = 1$$

或从几何方面考虑,求把线段 AB 分成黄金比的

点 C

$$h = \frac{AC}{AB} = \frac{CB}{AC}$$
$$h^2 + h - 1 = 0$$

可用"连分数"工具,进一步考虑就是 $\{f_n\}$ 的通项、性质及其同 h 的关系,以及在各种事物中的反映.

(2)在第2章,我们研读了欧拉关于七桥问题的论文,从中得到:

模块 2. n 桥问题及其处理方法.

这里,面对的是同线的长短、图的形状无关的新一类几何问题,仅考虑点线位置关系.

一幅点线图可否一笔画出?判别方法是奇顶点个数不超过2的连通图.如果奇顶点数多于2,就要添弧或多笔画出,是为邮递路线问题.

处理七桥问题的欧拉"绝招"还有抽象方法和选用符号方面的经验.

(3)在第4章第2节,研究了"杯中置币"问题,这提示我们有:

模块 3. 一类整数分拆与集合关系的混合问题及其处理方法.

这不是简单的加法或整数分拆问题,而是与集合子、交、并、补有关的计数问题,应结合使用组合与集合两种方法.

(4)第3章第1节研究"卖鸡蛋"问题,可抽象出:

模块 4. 一阶递归问题.

这又是按同一方式反复进行同一过程的问题,需选用带下标的先进符号应用递推方法处理.但这与"兔子繁殖"问题不同,兔子问题与前两步有关,是二

阶递归问题,这里只与紧前一步有关,故导致递归式

$$x_{k+1} = \frac{1}{2}x_k - \frac{1}{2}.$$

也可据条件列方程(较繁)或用算术求解(需要巧思和猜测).

(5)第3章第1节:费马问题的研究及导致维维安尼氏定理的重新研究,可归纳出:

模块 5. 解决定值问题的面积、体积方法,解决几何极值问题的定值方法.

(6)第7章例2的研究可归纳出:

模块 6. 解决几何极值问题的"拉直方法".

欲求其长在某种条件下为最短的折线或曲线,为了应用"两点间线段最短"的原理,可用对称、旋转、二面角展平、平移、表面展开等方法,把它"拉直",而作为对比的任一曲线或折线,则仍是连接两点的曲线或折线.

(7)第4章第3节研究的例5(立体几何计算题)的求解过程含有:

模块 7. 立体几何计算题的求解原则.

立几计算题属于几何中作图、证明、计算的综合题,大体求解过程是:

ⅰ)边作图,边引进符号,边论证,从而找到已知和未知之所在;

ⅱ)继续作辅助线和论证,找到已知和要求间的关系;

ⅲ)进行计算,给出答案.

在立几计算中,常常少不了"三垂线定理"及其逆定理;

原则与策略

在立几计算中,往往是"一条垂线定乾坤",因此,应竭力去找到或作出期待的那条平面垂线(图 31 中的垂线 BD);

在立几计算中,常常要同直角四面体(在四面体 ABCD 中,A 为直三面角)和直棱四面体(图 31 中的 ABCD)打交道,应像了解直角三角形一样,弄清它的性质.

在立几证明题中,往往也要用程序 ⅰ),而无法采用"已知、求证、证明"的课本格式.实际上有些平几证明题(如:试证角平分线上任一点到角两边的距离相等)实际上也无法按"已知……"格式写,例题中勉强"服从",从而掩盖求解中重要思维步骤(即符号化步骤),此为以形式损害内容.

(8)据第 5 章第 1 节关于点线距公式的探索,可筛选出:

模块 8. 三个解几公式及其推证方法.

三个重要公式是:点在直线上的射影坐标公式,点关于直线的对称点坐标公式和点到直线的距离公式,前两个教材上没有(非常奇怪!),三个公式密切相关.

首先是三个公式的应用方法与技巧;

三个公式的推证方法与过程(如方程组法,中垂线法,直角三角形法,极值方法等,其中前两种方法可推出三个公式)可用于许多类似问题.

向空间推广和作理论研究.

(9)第 6 章第 3 节例 2 和例 3 的研究(都用了极特化的方法)可概括出:

模块 9. 必要时,可考虑一个极特殊情形.

第7章 模块思维策略

许多问题,由于提法过于一般,一下子难以找到线索,这时,可考虑一个极特殊情形,条件是:①一眼可看出解法;②能提示一般解法或提供必要的辅助元素(辅助线、定值等).

有人称之为极端原理.

现在对例 3 补充解答如下:在一般情形下,先着者只要把首枚钱币放在中心,以后每次把钱币放在对手所放钱币的中心对称位置上即可.①桌子可以是任意中心对称的形状;②挖掉任何一块能放置一枚钱币的地方.

(10) 在第 6 章第 3 节例 5 中,我们用割线求切线斜率,导致:

模块 10. 一般化的思维策略.

有些问题,在一般情况下,反而容易下手,如:

求曲线割线斜率比切线斜率易于下手;

求差商比导数(微商)易于下手;

求平均速度比瞬时速度易于下手;

求圆内接正多边形面积比求圆面积易于下手;

求有限和比求无限和、积分容易下手.

所以,常常采用:从一般入手,通过求极限达到要求的特殊情形的办法,最终获得了求切线斜率、瞬时速度、圆面积、导数、积分的法则.

(11) 为了概括一个十分珍贵的模块,我们再看两个例子:

ⅰ) $\odot(O_1, r_1)$ 和 $\odot(O_2, r_2)$ 外切,外公切线分别与它们相切于点 E, F,$\odot(O, r)$ 与 $\odot O_1$,$\odot O_2$ 和 EF 均相切(图 59).

原则与策略

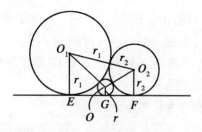

图 59

求证：$\dfrac{1}{\sqrt{r}} = \dfrac{1}{\sqrt{r_1}} + \dfrac{1}{\sqrt{r_2}}$.

仔细观察，不难发现图中有三个直角梯形，其底和斜腰分别由 r_1, r_2, r 构成，而其中两个的直腰合成另一个的直腰，这就把它们"拉"上了关系。我们用两种方法来计算 EF：一是在直角梯形 $O_2 O_1 EF$ 中，有

$$EF = \sqrt{O_1 O_2{}^2 - (O_1 E - O_2 F)^2}$$
$$= \sqrt{(r_1 + r_2)^2 - (r_1 - r_2)^2}$$
$$= 2\sqrt{r_1 r_2}$$

二是在直角梯形 $OO_1 EG$ 和 $OO_2 FG$ 中先算 EG 和 GF，有

$$EG = \sqrt{(r_1 + r)^2 - (r_1 - r)^2} = 2\sqrt{rr_1}$$
$$FG = \sqrt{(r_2 + r)^2 - (r_2 - r)^2} = 2\sqrt{rr_2}$$

所以

$$EF = EG + FG$$
$$= 2\sqrt{rr_1} + 2\sqrt{rr_2}$$

于是有

$$2\sqrt{r_1 r_2} = 2\sqrt{rr_1} + 2\sqrt{rr_2}$$

两边除以 $2\sqrt{rr_1 r_2}$ 即得欲证.

ⅱ) 甲，乙二人分别从 A, B 两地同时出发同向前

第7章 模块思维策略

进,甲过了 B 地后,又走了 3 小时 12 分在 C 地追上乙,这时,两人共走了 72 千米,而 A,C 两地的距离等于乙走 5 小时的路程,求 A,B 两地的距离.

此题有很多列方程的方法,仅给两种:

其一,设甲速为 x 千米/时,乙速为 y 千米/时,则 $BC = 3\frac{1}{5}x$,于是

$$\begin{cases} 3\frac{1}{5}x + 5y = 72 \text{("两人走路程总和"算两次)} \\ \dfrac{5y}{x} = \dfrac{3\frac{1}{5}x}{y} \text{("走的时间"算两次:甲时 = 乙时)} \end{cases}$$

其二,设 $AB = s$,甲速 x,乙速 y 则得

$$\begin{cases} s + 3\frac{1}{5}x = 5y \text{(甲走路程算两次)} \\ 72 - 5y = 5y - s \text{(乙走路程算两次)} \\ \dfrac{5y}{x} = \dfrac{5y - s}{y} \text{(甲走时间 = 乙走时间)} \end{cases}$$

计算结果:$x = 10$ 千米/时,$y = 8$ 千米/时,$s = 8$ 千米,两人走的时间为 4 小时.

由这两题,即可概括出:

模块 11. 通过把同一量"算两次"获得一个方程.

用不同的方法(不恒等的式子)把同一个量(或相等的量)算(表示)两次,可以起到检验结果的作用,也可列出一个方程.

这是一个应用广泛的方法,为此,单墫先生写了一本精彩的小册子来宣讲它,小册子就叫《算两次》,其"前言"说:

细心的小学生做完算术题后,常常再算一次,以检

验结果是否正确.检验,可以原原本本地重算一遍(这样做不太容易发现自己的错误),也可以采用不同的方法.学过列方程解应用题的同学一定知道"为了得到一个方程,我们必须把同一个量以两种不同的方法表示出来"(波利亚语)即将一个量算两次,这种手法在几何计算中也极为常见……在证明中,用两种方法计算同一个量,更是一种行之有效的基本方法.

这就把"算两次"给说清楚了.

* * *

自然,思维模块"资源"丰富,我们机会很多,但也并非是多多益善,而是要注重"质量",要着意选取寓意精深、有广泛应用前景的模块.如果是一题一"模",或一类题一"块",岂不就是堕入"题海",难以自拔了!

3. 见微知著,联想模块

积累模块是为了应用,而"见微知著"是运用模块的高级联想思维活动,不同于举一反三,更不同于"回忆"之类的初级联想活动.我们再次引用傅学顺先生的话,他在《数学思维方法》一书中满怀激情地说:

见微知著联想是引出预感、猜想、类比、转化、(发现)破绽、突破口,甚至是灵感的源泉,是分析的动力.有时是联想引出猜想而试探、转化,有时是转化或反拐弯出来的中间结果或中间猜想引出联想,联想、猜想、转化、试探贯穿高材生的思维过程,使思维表现得非常活跃,非常迅速,非常有效.

见微知著联想快速反应法则的精髓是:

第7章 模块思维策略

一看到新问题的假设或结论,已知或未知;或一看到反拐弯转化出来的中间结果或猜想中间站与某公式、定理,定理外基本问题(反应块)或解过的老问题有某些相同成分或相同结构,甚至有类似之处,就立即回想其解法,考虑移植的可能性,并立即作出快速反应,就按这方向试试.

随时注意新老问题的异同,准备采取应急修正措施;实在走投无路或一筹莫展之际,可以换个角度观察、整理或复述问题,或寻找消失成分,或引进新的成分(新元).

也许眼前一亮,实现见微知著联想,找到突破口!

下面我们来一起分析一些例子.

例1 设 $0<a<l, 0<b<l$,试证

$$\sqrt{(l-b)^2+a^2}+\sqrt{(l-a)^2+b^2}\geq\sqrt{2}l$$

看到不等式左边,有点像两个"距离"之和,不妨写成 $\sqrt{(l-b)^2+(0-a)^2}+\sqrt{(l-a)^2+(0-b)^2}$;右边呢? $\sqrt{2}l$ 像是边长为 l 的正方形的对角线(或点 (l,l) 到原点的距离),于是就想到了构图(图60):作正方形 $OABC$,在正方形内取一点 $P(a,b)$(因为 $0<a<l, 0<b<l$),再用"三角形不等式":$AP+PC\geq AC$ 即得欲证.

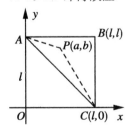

图 60

例2 设 $0<m<a, 0<n<b$ 求证:$\sqrt{m^2+n^2}+$

$\sqrt{(a-m)^2+n^2}+\sqrt{m^2+(b-n)^2}+\sqrt{(a-m)^2+(b-n)^2} \geqslant 2\sqrt{a^2+b^2}.$

此题供读者一试"刀枪".

例3 设 AC_1 为正方体,棱长为 a(图61),试求两截面 A_1BD 与 B_1CD_1 的距离.

观察图形,易知两截面 $\triangle A_1BD$ 和 $\triangle B_1CD_1$ 都是正三角形,由于对称性,我们猜想 AC_1 就是它们的公垂线,垂足为正三角形中心 P,Q,由作图可猜出 PQ 就等于 $\frac{1}{3}AC_1$.

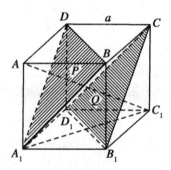

图 61

①先证 AC_1 是公垂线. 事实上,因为 A_1C_1 是 AC_1 在平面 $A_1B_1C_1D_1$ 上的射影,$A_1C_1 \perp B_1D_1$,所以 $AC_1 \perp B_1D_1$.

同理 $AC_1 \perp B_1C$. 所以 $AC_1 \perp$ 截面 B_1CD_1,设 Q 为垂足.

同理 $AC_1 \perp$ 截面 A_1BD,设 P 为垂足(同时证明了截面 $B_1CD_1 /\!/$ 截面 A_1BD).

②为求 PQ,先求 C_1Q. 应用体积法(将三棱锥 C_1B_1CD 体积 V 算两次):一方面

$$V = V_{C-B_1C_1D_1} = \frac{1}{3}a \cdot \frac{1}{2}a^2 = \frac{1}{6}a^3$$

另一方面

$$V = V_{C_1-B_1CD_1} = \frac{1}{3}C_1Q \cdot S_{\triangle B_1CD_1}$$

$$= \frac{1}{3}C_1Q \cdot \frac{\sqrt{3}}{4}(\sqrt{2}a)^2 = C_1Q \cdot \frac{\sqrt{3}}{6}a^2$$

所以
$$C_1Q = \frac{\sqrt{3}}{3}a$$

③求 PQ.

$C_1Q = \frac{\sqrt{3}}{3}a$，同理 $AP = \frac{\sqrt{3}}{3}a$，而 $AC_1 = \sqrt{3}a$，所以 $PQ = \frac{\sqrt{3}}{3}a$.

完全证实了我们"见微知著"的猜想.

例4 试证：平行六面体对角线共点且互相平分.

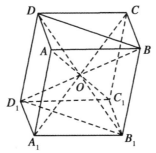

图 62

一见此题,立即想到"平行四边形对角线互相平分". 那么如图 62, $\square DBB_1D_1$ 对角线 BD_1 和 DB_1 互相平分,同样, AC_1 与 CA_1 互相平分, AC_1 与 BD_1, AC_1 与 DB_1, DB_1 与 A_1C, D_1B 与 A_1C 互相平分,可这样仍未证

它们共点. 那么, 还要用一点表述上的小小技巧: "确立固定点"法.

因为 AC_1 为平行六面体, 故 $DD_1 \underline{\underline{\parallel}} BB_1$, 所以 DBB_1D_1 是平行四边形. 所以 DB_1 与 BD_1 互相平分, 即 DB_1 过 BD_1 中点 O.

同理, AC_1 和 CA_1 也过 O, DB_1 也过 CA_1 的中点 O 故四条对角线共点且被公共点平分.

例5 已知二次方程 $ax^2+bx+c=0, bx^2+cx+a=0, cx^2+ax+b=0$ 有一公根, (1) 求证 $a+b+c=0$; (2) 求 $P=\dfrac{a^3+b^3+c^3}{abc}$ 的值.

一看到要证的是 $a+b+c=0$, 立即猜想三个方程有公根. 一方法是: 方程 $ax^2+bx+c=0$ 乘以 x, 再减去 $bx^2+cx+a=0$ 即得 $ax^3-a=0, a(x-1)(x^2+x+1)=0, x=1$.

所以 $a+b+c=0$.

这样, 方程 $cx^2+ax+b=0$ 也有根 $x=1$, 证毕.

另一方法是: 看到条件的轮换对称性, 设方程公根为 x, 将三方程相加

$$(a+b+c)(x^2+x+1)=0$$

但 $x^2+x+1=\left(x+\dfrac{1}{2}\right)^2+\dfrac{3}{4}>0$, 故 $a+b+c=0$.

看到 $a^3+b^3+c^3$, 立即想到恒等式:

$a^3+b^3+c^3-3abc=(a+b+c)(a^2+b^2+c^2-ab-bc-ca)$.

又 $a+b+c=0$, 知 $a^3+b^3+c^3=3abc$, 从而 $P=3$.

另一法是: 想到用过的"消元"法: $a+b+c=0$, $a=-(b+c)$, 于是

第7章 模块思维策略

$$a^3 = -(b+c)^3 = -(b^3+c^3+3b^2c+3bc^2)$$

所以 $a^3+b^3+c^3 = -3bc(b+c) = 3abc.$（下略）

例6 关于 x 的方程 $\sqrt{2x-4} - \sqrt{x+a} = 1$ 有一个增根是 $x=4$，求 a 的值和方程的根.

一看到题，就想到"增根4"意味着什么？意味着：4 不是方程的根，而是在"两边平方去根号时混进来的"另一个方程的根. 把方程

$$\sqrt{2x-4} - \sqrt{4+a} = 1$$

两边平方时，无意中"混进了"哪个方程呢？显然，是方程 $\sqrt{2x-4} - \sqrt{4+a} = -1$，那么4 就是它的根了. 于是有"正式"解法如下：

解 因为 $x=4$ 是方程 $\sqrt{2x-4} - \sqrt{4+a} = 1$ 的增根，所以 $x=4$ 是平方时"增加的"方程 $\sqrt{2x-4} - \sqrt{4+a} = -1$ 的根，把 $x=4$ 代入

$$\sqrt{2\times 4-4} - \sqrt{4+a} = 1$$
$$\sqrt{4+a} = 3$$

所以 $a=5.$

把 $a=5$ 代入原方程平方整理
$$x^2 - 24x + 80 = 0$$
所以 $x_1 = 20$（是根），$x_2 = 4$（增根，舍去）.

例7 解方程：

(1) $\dfrac{x^2+x+1}{x^2+1} + \dfrac{2x^2+x+2}{x^2+x+1} = \dfrac{19}{6}$；

(2) $2x^2 - 2xy + 5y^2 + 2x - 4y + 1 = 0$；

(3) $\dfrac{36}{\sqrt{x-2}} + \dfrac{4}{\sqrt{y-1}} = 28 - 4\sqrt{x-2} - \sqrt{y-1}.$

三个方程都是"怪模怪样"的，因而必有隙可乘.

原则与策略

比如,对方程(1)分子次数≥分母次数,于是可设法分离出一部分.其中,第二分式分子应分离

$$\frac{2x^2+x+2}{x^2+x+1}=1+\frac{x^2+1}{x^2+x+1}$$

代入原方程,用代换 $y=\frac{x^2+x+1}{x^2+1}$ 即可.

(2)和(3)都是二元方程,要求解大约须化成 $A^2+B^2=0(\Leftrightarrow A=0,B=0)$ 之类的形式. 我们"配方"试一试:对(2)

$$\text{左边}=x^2-2xy+y^2+x^2+2x+1+(4y^2-4y)$$
$$=(x-y)^2+(x+1)^2+(4y^2-4y)$$

因缺1,不成功,换个集项方法

$$\text{左边}=x^2+2xy+y^2+x^2-4xy+4y^2+2x-4y+1$$
$$=(x+y)^2+(x-2y)^2+2\cdot(x-2y)+1$$
$$=(x+y)^2+(x-2y+1)^2$$

故(2)化为 $(x+y)^2+(x-2y+1)^2=0$,得

$$\begin{cases} x+y=0 \\ x-2y+1=0 \end{cases}$$

所以 $x=\frac{-1}{3}, y=\frac{1}{3}$.

对(3),作代换 $u=\sqrt[4]{x-2}, v=\sqrt[4]{y-1}$,则方程化为

$$\left(\frac{6}{u}-2u\right)^2+\left(\frac{2}{v}-v\right)^2=0(\text{下略})$$

上面,我们已展示了几个代数和几何中的"微"和"著",下面再看两道几何题,请仔细体会其中的"微"和"著".

例8 设 AD 是 $\triangle ABC$ 的一条角平分线,求证
$$AB\cdot AC=AD^2+BD\cdot DC$$

看图(图63(a))想等式中的各项意味着什么?

188

$AB \cdot AC$? AD^2? 看不出. $BD \cdot DC$ 则像是相交弦定理等式的一端,于是作出外接圆(图63(b)),果然成功

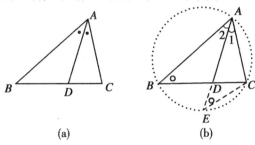

图 63

$$BD \cdot DC = AD \cdot DE = AD(AE - AD)$$
$$= AD \cdot AE - AD^2$$

下面只须用$\triangle ABD \backsim \triangle AEC$证$AD \cdot AE = AB \cdot AC$就可以了.

这里的"微"就是$BD \cdot DC$,知道的"著"就是按图联想到的相交弦定理.

例9 (IMO.30,冰岛命题)设$ABCD$是凸四边形,已知$AB = AD + BC$. 在四边形内距CD为h的地方有一点P. 使得$AP = h + AD, BP = h + BC$(如图64),求证

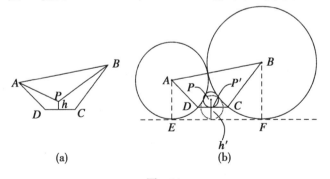

图 64

$$\frac{1}{\sqrt{h}} \geqslant \frac{1}{\sqrt{AD}} + \frac{1}{\sqrt{BC}}$$

由图形或三个式子 $AB = AD + BC, AP = h + AD$, $BP = h + BC$ 都提示我们,这里应有两两相切的三个圆 $\odot(A, AD), \odot(B, BC), \odot(P, h)$.

作出图形(图64(b))后,我们又联想到本章第2节的例11(图59),于是想到作出 $\odot A$ 和 $\odot B$ 的外公切线 EF,及同 $\odot A, \odot B, EF$ 都相切的 $\odot(P', h')$,则将 EF 算两次即知

$$\frac{1}{\sqrt{h'}} = \frac{1}{\sqrt{AE}} + \frac{1}{\sqrt{BF}}$$
$$= \frac{1}{\sqrt{AD}} + \frac{1}{\sqrt{BC}}$$

另一方面,无论 $\angle ADC$ 和 $\angle BCD$ 为锐角还是钝角,DC 均在 EF 内侧(即在 AB 所在的一侧),仅当 $\angle ADC = \angle BCD = 90°$ 时,DC 与 EF 重合,因此,总有

$$h \leqslant h'$$

所以
$$\frac{1}{\sqrt{h}} \geqslant \frac{1}{\sqrt{h'}} = \frac{1}{\sqrt{AD}} + \frac{1}{\sqrt{BC}}$$

即得欲证.

4. 模块思维须知

在第2节,我们举例说明如何积累思维模块;在第3节,我们又举例说明如何运用模块. 读者不难意识到,当我们积累时,是自己在积累,是自己从自己解过证过的题目中,分析、筛选、抽象、概括出可用作思维模

块的东西:典型问题的典型有效的处理原则、方法、经验,而不是搬用别人现成的东西.只有这样,才能融合在自己的认知结构之中,存储在深层记忆之中(而不是抄在笔记本里,或通过死记硬背堆放在浅层记忆里).当我们通过"见微知著"调用时,是完全从题目本身出发,想方设法从题目的表述中,从已知、未知(要求要证)的式子或图形结构的特异、破绽中觅"微",再通过联想同我们存储的"著"(思维模块)对照,迅速检索试用,这里没有"泛泛的发散思维"(那样太浪费时间,效率太低),没有生搬硬套,没有无由而动和无病呻吟.我们采取行动总是有根有据的(虽然,大多只是一个猜想的、合情的根据、理由).因此,若是成功了,成功得有理;失败了,失败得明白.

因此,我们所说的"见微知著",是人人办得到的.

辩证思维策略

第8章

我们的第五个建议是：你应当辩证地看待数学中的各种问题

也许，我们不喜欢哲学，不熟悉辩证法，但这并不等于我们能摆脱哲学的"纠缠"，也不等于违背了辩证规律而不受惩罚．这样的例子真是太多了，生活、工作中有，数学中也有．

比如，大刀阔斧地删节数学教学内容，一再地降低要求，本为"减轻负担"，其结果恰恰相反，教学与升学考试要求的反差加大，使师生付出了沉重的代价，显然，这不是个形式逻辑问题．

在数学中，例如，在罗巴切夫斯基以前，人们一直认为"欧几里得几何"是唯一的几何，是绝对的真理，数学界这种"独尊欧教"的现象使非欧几何的诞生经历了激烈的阵痛；类似地，无理数的"出世"，伴随着血腥的故事；微积分的发明，特别是它的严格化问题也颇费周折；在作为数学基础的集合论中，竟然发现了

第 8 章　辩证思维策略

"悖论"(即说它是,它就不是,说它不是它反而是的命题),使数学界惊恐万般.

一次次"数学危机",一次次"危机"的解决,自然与数学的发展有关,但也同冲破原来的思想禁锢、深化认识有关.

1. 大事关己

说到对数学的认识,也许有人认为,那是数学中的大事,是数学家们的事,而与我们这教数学、学数学的人没有多大关系,从而可以采取"事不关己,高高挂起"的态度. 就拿"数学的特点"来说,亚历山大洛夫说它是"抽象性、严谨性和应用的广泛性",波利亚说它"有两个侧面",既是演绎的科学,又是归纳的科学. 我国的孙小礼、张奠宙先生又说亚氏三性不是数学独有的特征,数学独有的特征是"形式化抽象",等等. 难道这与数学教学无关吗?

假如你是数学教师,由于照本宣科地按"定义—定理—证明—举例"模式教学,致使学生成绩不佳,甚至有很多人不想学数学,厌恶数学. 那么这怪谁呢? 这实际上是你坚持"数学是纯演绎体系"的观点(亚氏观点)的结果. 如果你是个学生而数学成绩不佳,想学好而又怕数学太抽象,难入门,这里"怕抽象"就是对数学的看法. 而若是你数学成绩好,但文科成绩差,这是什么原因? 本来,"数学成绩好"的人,不应该学不好别的学科呀! "为什么呢?"那么我说:通过数学学习培养的思维素质、良好习惯,等等,是可以向别的学科迁移的.你那里怎么就没有迁移？这时,你会瞪大眼睛问:通过数学学习,怎么能提高人的素质？通过数学学习,到底学什么？

你看,问题来了吧？一个数学学习的高材生,竟然不知道数学学习到底应该学什么！岂不是很怪吗？不怪的,这是我们多年来按传统观念教学的合乎逻辑的结果.

长久以来,我们的数学教学,就是教理解概念,运用定理,"对付"题海,夺取高分,把数学当做一块厉害的"敲门砖"来对待.而从不过问"数学是什么"、"有什么特点"等全局性的问题.而如果这样培育出来的弟子竟然对数学、对数学学习有了清楚正确的看法,那不就是承认"以其昏昏"可以"使人昭昭"了吗？那才真是怪事.然而,你不关心"全局性"问题,并不等于全局性问题不关照你.你看,把数学当"敲门砖"来教,除了"应试"的需要之外,是不是也有把数学看做是"工具",是"升学的需要",而忽视其"文化教育功能"这一层原因呢？

另外,有人在倡导"探索式"教学,认为观察、实验、归纳、类比、推广、猜测等一套合情推理方法,既在数学研究、数学发现中可以派上用场,那么也就可以在数学教学、数学学习中发挥作用;提倡发现式教学,让学生在简化的、理想的形式下,亲历知识的生长过程,那么,教师自己就要有数学研究和发现(哪怕是再发现)的经历和切身的体会.那么对此,你的态度如何？如果你感到为难,原因可能是多方面的:你可能认为"合情推理"不可能进入"严谨的"数学,数学里怎能容忍瞎猜乱碰,言而无据？你可能认为:以初等数学为主

的中学数学,有什么可以研究的? 凡是能发现的,数千年来都早已被前人扫荡一空,以如此浅显、贫乏的内容而进行"发现法"教学,能有什么作为?

这就又涉及一个"全局性"的问题:初等数学究竟是已经发展得很完善,还是要继续发展? 初等数学研究的题材到底是已经穷竭,还是近乎"未开垦的处女地"? 一句话,作为中学数学背景和材源的初等数学,是一本手册式的完善了的学科,还是正在蓬勃发展中的学科?

另外,像是数学研究对象问题,公理化问题,存在性、构造性问题,有限与无限问题等等全局性的大事,大道理,都不能说与己无关,因为小道理总受大道理管,像滴水映日一样,我们日常的每一项数学活动(教、学、研究、应用等)都会反映出我们对这些全局性问题的看法和态度,而不同的看法和态度则往往导致不同的结果."大事关己",这是千真万确的.

2. 数学的本性

我们为什么要提出"辩证地看待数学中的各种问题"的建议? 是由于数学的本性使然,而不在于某某名人某某"家"说了什么.

数学的本性是简单、纯朴、辩证、优美. 本节从几个方面着重说明数学的辩证性质.

(1)两个"两性". 数学的诞生,最初是出于实际的需要,从最简单的日常计算和测量到大地测量和天文计算,到华罗庚在《大哉数学之为用》中列举的种种应

原则与策略

用,事实上已由直接为实践服务变成了其他科学的工具;然而在这同时,人们发现了数学在形成人的文化素质和满足人类精神生活需要方面的巨大作用.中国知名数学家齐民友先生在《数学与文化》一书中写道:

数学深刻地影响人类精神生活,可以概括为一句话,就是它大大地促进了人的思想解放,提高与丰富了人类的整个精神水平.从这个意义上讲,数学使人成为更完全、更丰富、更有力量的人.

数学作为文化的一部分,其最根本的特征是表达了一种探索精神;其永恒的主题是"认识宇宙,也认识人类自己".在这个探索过程中,数学把思维的力量发挥得淋漓尽致.它提供了一种思维的方法与模式,提供了一种最有力的工具,提供了一种思维合理性的标准,给人类的思想解放打开了道路.

而徐利治教授又把数学这种实用与文化的价值概括为"数学的技术教育功能与文化教育功能",当我们学习和研究数学的时候,都要全面理解数学的这两个教育功能,忽视哪一方面都是有害的.这是数学在"功能"方面的两性.

数学的另一个两性,是它在逻辑结构方面的两性,波利亚叫做"数学的两个侧面".在《怎样解题》一书中,波利亚写道:

数学有两个侧面,它是欧几里得式的严谨科学,但它也是另外一种科学.用欧几里得方法整理出来的数学看来确是一门系统演绎的科学;但在创造过程中的数学,看来却像一门实验性的归纳科学.

这两个侧面都像数学本身一样古老.
在《数学与合情推理》一书中,他进一步解释说:

第8章　辩证思维策略

　　以最后确定的形式出现的定型的数学,好像是仅含证明的纯论证性的材料,然而,数学的创造过程,是与任何其他知识的创造过程一样的.在证明一个数学定理之前,你先得猜测定理的内容,在你完全做出详细证明之前,你先得推测证明的思路.你先得把观察到的结果加以综合,然后加以类比.你得一次又一次地进行尝试.数学家创造性工作的成果是论证推理,即证明;但是这个证明是通过合情推理,通过猜想而发现的.

　　在这样肯定了合情推理也是数学的"本性"之后,波利亚建议:"只要数学的学习过程稍能反映出数学的发明过程,那么就应让猜测、合情推理占有适当的位置。"

　　承认数学的两个侧面,承认合情推理在数学研究和发现中的地位,那么也就应当认真考虑波利亚的建议,改进自己的学习、教学,理顺自己的思维.

　　(2)成对出现的数学概念和范畴.我们知道,对立统一规律是事物(自然界、社会和人的思维)发展的普遍规律.这一规律在数学中的反映,是绝大多数的概念、法则、范畴、命题,都是有正有反,成对出现的.比如:

　　描述相反的性质或关系的,有:正负数,增减性,大于和小于,平行和相交,真命题和假命题,定理和逆定理,常量和变量,直线和曲线,有理数和无理数,实数和虚数等等.

　　描述互逆过程的,有:加与减,乘与除,乘方与开方,运算与逆运算,映射与逆映射,函数与反函数,展开与析因,拆项与并项,分析与综合等等.

　　这些成对出现的概念表现出的对立统一的规律

是:①互相依存,相反相成,共处于一个统一体之中;②在一定的条件下互相转化.

比如:正负数(再添上 0)就共处于"有理数"这统一体之中,正数乘以负数就变为负数,"负乘负"则为正,说明了互相转化.又如没有"负数"(概念),也就没有"正数"(概念),因此,成对概念只有联系起来,才能真正理解.又如"常量"和"变量"是相对的,比如关于 x 的函数 $y=ax^2+bx+c(a\neq 0)$ 的图象是一条抛物线,这时 a,b,c 是常数.但是如果让 b,c 不变,而让"参数" a 变化,由正变负,则图象开口方向将发生变化,如 $|a|$ 变化,则开口的大小将发生变化.如果让 x,b,c 保持不变,当 $x\neq 0$ 时,$y=ax^2+bx+c$ 将是 a 的一次函数.

另外,这种成对的概念间的相互转化,往往伴随着数学对象的质变.如方程 $x^2+ky^2=1$,当 $k>0$ 时,表示椭圆,如 k 变为负数,它将变成双曲线(如 $k=0$,它将由曲变直,化为一对平行线).这也说明直线、双曲线、椭圆共处于一个统一体 $x^2+ky^2=1$ 之中.而上述的讨论,又反映了这种成对(或三个)的概念在分类(和讨论)中的作用.

(3)变中的不变.变与不变是一对重要范畴."变换"成为我们解数学题的一条重要策略,我们在第6章已经讨论过.那么"变换"到底为什么可以用来解数学题呢?答曰:因为变中有不变,对于解题策略来说,就是题目的变换不会引起解的变化,或者变化了,通过一个相反的变化可以"变回去".比如求值,用的是"恒等"变形,求体积面积用"等积"变形,那是形变值不变;在解方程(组)或不等式中,用的是同解变形(或是用"增解变形 + 检验",仍是同解的),形变解不变等

第8章 辩证思维策略

等.

仔细想一想即知,我们的平面和立体几何,从根本上讲,是干什么的?一句话,就是研究在变换(如运动包括对称(反射)、平移、旋转,以及相似变换等)之下的不变性和不变量的,如此而已.

(4)特殊与一般.学习数学是从特殊入手,逐渐上升到一般的,然后再反过来更深入地认识特殊的东西.大体说来,归纳是由特殊到一般的过渡,而演绎则相反;推广(也叫一般化)是由特殊到一般,而限定(特殊化)则相反.人的认识过程为什么是这样的?这种逻辑思维的方法为什么是有效的?正如毛泽东《矛盾论》所说:

由于特殊的事物是和普遍的事物联结的,由于每一个事物内部不但包含了矛盾的特殊性,而且包含了矛盾的普遍性,普遍性即存在于特殊性之中.

对于数学来说,一个概念,一个命题,总是有它的一般性,又有它的特殊性.拿"数"这个概念来说,对于"式"概念,它是特殊的;对于实数、有理数来说,它又是一般的,当我们研究数的运算、关系等性质的时候,我们也就是在从量的侧面研究事物发展变化的规律.我们观察一个一个的自然数

$$2,4,6,8,10,12,14,16,18$$

我们发现:$4=2\times2,6=3\times2,8=4\times2,\cdots,18=9\times2$,它们都是2的倍数,这是它们的特殊性,可是当我们意识到:在自然数中,从2起,每隔一个数都有这样的性质,于是产生了"偶数"的概念,从而找到了$2,4,6,\cdots,18$等数的一般性.

数学解题也是如此.当我们在具体地解一道数学

题的时候,我们既要观察它的特点,有针对性地采取措施,以期迅速获得结果.但是,我们又应考虑一般的解题规律,适时地调控我们解题的过程,以使解题顺畅前进,免入误区.同时,通过解一道具体的题目,我们又要努力从中领略一般解题方法.波利亚就一再强调他的《解题表》的一般性和常识性,即表中的一系列的问题、提示、建议,不仅可用来调控一个具体的数学题的求解过程,而且也表现了解答任何数学问题的一般方法.更进一步地,它也揭示了当人们面对生活、工作、研究中的任何问题,要去解决时的一般思考过程,即一般的思维规律,即常识,即良好的思维习惯,即人的重要的素质.这样,波利亚就把解答数学问题与思维素质的培养紧密结合起来了.

如果我们在自己的数学学习或教学中,只是在就数学而论数学,通过学习只是学会了数学,而没有一般地学会思考,养成良好的思维习惯和科学素养,没有提高自己的文化素质,那么实际上,我们也就是只注意到了数学的特殊性,只发挥了它的技术教育的功能,而忽略了它的一般性,没有发挥它的文化教育功能,这不能说不是数学学习、数学教学中的一大失误,是非常可惜的.

3. 须臾难离的无限

尽管我们生存的世界是有限的,但是,为了研究它,所需要的数学却几乎处处都涉及无限.所有自然数的集合是一个无限集,数 π 的精确表示需要无限多位

小数,哪怕是很小的线段所包含的点数也是无限的,等等.尽管人们一直努力避免无限的使用,但所产生的数学却是令人难以置信地繁复庞大.

这是基斯·德夫林著《数学:新的黄金时代》在第二章中对于数学中无限性的一段精彩描述.

真的,刚在数学中接触到"无限"的时候,总有一个下意识的想法:"无限"那么抽象,那么难以理解,我们的思维又难以适应和接受,干吗非研究"无限"不可?只研究有限的情况不是挺好吗?然而这想法是天真可笑的.因为每个人还在幼儿的时候,"无限"就围着他转了:三人均分一个苹果,每人分多少?跳绳、拍球、报数1,2,3,4,…无论多少,都不担心数不够用;仰望晴空,日月星辰,数也数不尽,后来上学了,直线、平面,都成了"装"图形的容器,硕大无比;学了自然数、整数、有理数、实数、复数集合,元素又是一个比一个多,我们时时刻刻在同无限打交道,怕也好,恨也好,爱也好,都须臾难离,只好面对它,思考它,但求通过高明的思维,真正理解它,才是上策.

(1)处理"无限"的各种方法.由于有限、无限是一对矛盾,矛盾的双方在一定条件下可以互相转化,所以当今数学虽然发展了一系列的处理无限的方法,其本质都是"通过有限掌握无限".例如:

①代表法.比如直线和平面垂直的定义是:"与平面内每条直线都垂直的直线,叫做平面的垂线."由于平面上有无限多条直线,无法一一检验,所以在证明时,只要取"任一条直线"为代表就可以了.又如要证明"偶数"的某一性质(比如,任一偶数k,满足$(-1)^k=1$),只要取任一偶数$2n(n\in \mathbf{N})$就可以了.又

如要证"三角形三内角之和等于 180°",这时,只要取"任意一个 $\triangle ABC$"作为代表,条件是它须有代表性,即不能是某个特殊的三角形,比如等边三角形、直角三角形等等.

因此,代表法的基本要求是所选元素具有代表性,而不能考虑它的特殊性质. 代表法中的一些典型手法,如:

对无限的直线、曲线(如抛物线),要研究它的性质,只要画出适当的一部分就可以了.

另外,要掌握一个几何系统,只须掌握它的公理体系;要掌握线性空间,只须掌握它的"基底",要掌握一个线性方程组的全部解,抓住它的"基础解系",研究一个无穷数列或级数,只要研究它的"通项公式"即可. 这都属于"代表法".

②判定法. 比如,为了判定直线 l 是否垂直于平面 α,按定义,就要判定 l 是否垂直于 α 上的所有(无穷多条)直线,这实际上办不到,于是证明了一条"判定定理",依此,只须判定是否同 α 中的两条相交直线垂直就可以了. 同样地,要判断两条直线 a,b 是否平行,要到"无穷远处"去查看是否有交点是办不到的,因而证明了一系列两直线平行的判定定理. 可见,判定法也是处理"无限"的一种重要的手段.

③反证法. 也是处理"无限"的一种有效方法,基本操作是:欲证某事物为"无限",则假定为有限,从而导致矛盾,因此必为无限. 我们证明那些"最初的"判定定理,常常采用反证法. 还有一个数学史上最著名的例子,是欧几里得证明"素数有无穷多个". 我们介绍如下(略有改变):

假设素数只有有限个:$p_1,p_2,\cdots,p_n$. 考虑
$$Q = p_1 p_2 \cdots p_n + 1$$
则 Q 必与 $p_1,p_2,\cdots,p_n$ 不同,若它是素数,与假设矛盾;若 Q 是合数,则它可分为素数积
$$Q = q_1 q_2 \cdots q_m$$
因为 $p_1,p_2,\cdots,p_n$ 都不是 Q 的因数,所以 q_1 不同于 $p_1,p_2,\cdots,p_n$ 中的任一个,是 $p_1,p_2,\cdots,p_n$ 之外的一个新的素数. 因此,与开头的假设矛盾.

因此,素数有无限多个.

有趣的是,这证明略作改变,即成为一个产生新素数的程序. 它是一个带有构造意味的反证法.

④近似值法. 由于某种实践上的需要,对于"无限形式"的数,如
$$\frac{1}{3} = 0.3333\cdots$$
$$\pi = 3.14159265\cdots$$
$$= 3 + \cfrac{1}{7 + \cfrac{1}{15 + \cfrac{1}{1 + \cfrac{1}{292 + \cdots}}}}$$
$$h = \frac{\sqrt{5}-1}{2} = 0.61803398\cdots$$
$$= \cfrac{1}{1 + \cfrac{1}{1 + \cfrac{1}{1 + \cdots}}}$$

常根据需要"从某处截断取近似值"的方法. 比如,日常用的"四舍五入法",按此法,π 的不足近似值可取 3,3.1,3.14 等等,而过剩近似值则可取 3.142,

3.141 6等等. 黄金比 h 的一个小数近似值 $h \approx 0.618$ 则随着"优选法"中的"0.618法"而出了名.

在有些情况下,对有些数需要取分数形式的近似值. 而连分数有一个优良性质,那就是从某处截断而得到的近似分数,正好是在分母一定的情况下的最佳逼近. 比如对 π 来说

$$\pi \approx 3 + \frac{1}{7} = \frac{22}{7}$$

$$\pi \approx 3 + \cfrac{1}{7 + \cfrac{1}{15}} = 3 + \frac{15}{106} = \frac{333}{106}$$

$$\pi \approx 3 + \cfrac{1}{7 + \cfrac{1}{15 + \cfrac{1}{1}}} = 3 + \cfrac{1}{7 + \cfrac{1}{16}} = \frac{355}{113}$$

它们都是 π 的最佳逼近,而其中的 $\frac{22}{7}$ 是何承天的约率, $\frac{355}{113}$ 是祖冲之的密率,它有着甚多的优良性质,标志着我国古代数学一项了不起的成就. 再看 h,可以算出,它的各阶的渐近分数是

$$\frac{1}{1}, \frac{1}{2}, \frac{2}{3}, \frac{3}{5}, \frac{5}{8}, \frac{8}{13}, \frac{13}{21}, \cdots$$

也都是 h 的各阶的最佳逼近,读者不难看出分数串的结构规律以及它同我们介绍过的(见本书第2章的第2节)斐波那契数列的关系.

⑤递推法. 把握无穷数列,除了前面介绍的"通项公式法"以外,有时也用"递推法",即抓住它的递推公式. 比如,对等差数列和等比数列,它们的定义可分别直译成

$$a_n - a_{n-1} = d, \frac{a_n}{a_{n-1}} = q(\neq 0) \quad (n = 2, 3, \cdots)$$

略作变形,即为递推公式

$$a_n = a_{n-1} + d \quad (n = 2, 3, \cdots)$$
$$a_n = q a_{n-1} \quad (n = 2, 3, \cdots)$$

它们已完全承载了相应数列的丰富性质.

递推法最成功的一个应用是"数学归纳法",它在通过"奠基"确立了命题 $P(n)$ 对某一 n_0 成立以后,再通过"归纳"(即 $P(n) \to P(n+1)$)步骤,检验其"递推性能",即看它能否把"正确性"传递到永远. 我们来看一个例子:

命题 $P(n): S_n = 1^2 + 2^2 + 3^2 + \cdots + n^2 = \frac{1}{6}n(n+1)(2n+1)$.

证明:$S_1 = 1^2 = 1, \frac{1}{6} \times 1 \times (1+1)(2 \times 1 + 1) = 1$,所以 $P(1)$ 成立.

设 $P(k)$ 成立,即 $S_k = \frac{1}{6}k(k+1)(2k+1)$. 则

$$\begin{aligned}
S_{k+1} &= S_k + (k+1)^2 \\
&= \frac{1}{6}k(k+1)(2k+1) + (k+1)^2 \\
&= \frac{1}{6}(k+1)[k(2k+1) + 6(k+1)] \\
&= \frac{1}{6}(k+1)(2k^2 + k + 6k + 6) \\
&= \frac{1}{6}(k+1)(k+2)(2k+3) \\
&= \frac{1}{6}(k+1)[(k+1)+1][2(k+1)+1]
\end{aligned}$$

所以 $P(k+1)$ 正确,因此 $P(n)(n \in \mathbf{N})$ 正确.

这里,$P(k+1)$ 正确,是指通过对"$S_k+(k+1)^2$"的计算、变形所获得的 S_{k+1} 的表达式,同把 $n=k+1$ 代入 S_n 的表达式的形状完全一样. 这说明了 S_n 的表达式经受住了"加项"的考验. 说明它的形状(的正确性)可以传到无限去.

此外,处理"无限性",数学中还有两种富于数学特色的、更加文明的方法:极限法和集合法,下面专节详细讨论.

(2) 一个说不清的问题: $0.\dot{9}=1$?

在我们的数学课本里,有这样一个极限等式:设 $S_n=\dfrac{1}{2}+\dfrac{1}{4}+\dfrac{1}{8}+\cdots+\dfrac{1}{2^n}=1-\dfrac{1}{2^n}$,则

$$\lim_{n\to\infty} S_n = 1$$

试问:这是一个精确的等式,还是一个近似的等式? 这是一个使许多学过微积分的人迷惑不解的问题.

甲:这等式等价于 $\lim\limits_{n\to\infty}\dfrac{1}{2^n}=0$,而关于此等式的问题又是"古已有之"的. 早在我国战国时期成书的《庄子·天下篇》中列举的桓团、公孙龙等辩者提出的 23 个论题中,就有:

一尺之棰,日取其半,万世不竭.

之说. 意思是:"长为 1 的线段,每天截取一半,永远也取不完." 在西方,公元 5 世纪,希腊埃利亚学派哲学家芝诺,在论题"对分"中说:

人们不能在有限时间内走过无穷多的点. 因为人们在通过一定距离之前,必须先走过这段距离的一半,

然后又走过剩下这一半的一半,由此类推,以至无穷.

就是说,一个人要走一段路 AB,首先要经过 AB 中点 M_1,然后再经过余下的中点 $M_2,M_3,\cdots$(图 65)按芝诺的说法:因为有无限多个中点,而在有限的时间内,不可能走完这无穷多个中点,到不了 B. 因此他认为

图 65

$$S_n = 1 \text{ 或 } \frac{1}{2^n} = 0$$

对无论怎样的 n,都是个近似的等式.

乙:对任何一个具体的数 n,无论它多大,$S_n \neq 1$,$\frac{1}{2^n} \neq 0$,这是千真万确的. 但我们的实际体验是:从 A 出发,在有限时间内会到达 B. 但理论分析结果竟然是"到不了",可见理论分析一定是出了问题.

丙:从实际情形看,应该承认 $\lim_{n \to \infty} S_n = 1$ 和 $\lim_{n \to \infty} \frac{1}{2^n} = 0$ 是个精确的等式,与对任何具体的 n,$S_n \neq 1$ 和 $\frac{1}{2^n} \neq 0$ 并不矛盾.

甲:$n \to \infty$ 的过程中,它经过的总是一个一个具体的值,S_n 也只是个离 1 "越来越近,要多近有多近"的数,但并不是 1,因此承认 $\lim_{n \to \infty} S_n = 1$ 是"精确等式",也是口服心不服.

乙:当理论同实际尖锐矛盾的时候,我们要冷静地分析这个理论. 事实上,芝诺的论证是错误的,错误的

原则与策略

根源在于他的前提"人们不能在有限时间内走过无穷多个中点"是错误的,而这个错误前提竟然会让人们(包括我们在内)以为它似乎正确,是在于把"n"误认为是"时间",或至少误以为"跨过每个中点所用的时间是一样的",其实不然,我们跨过一个个中点用的时间越来越短,以至于用一步(比如用 5 秒),跨过了剩下的无限多个中点.

甲:这样一解释我似乎有些明白了,就是说,我们在有限步内,是可以完成一个无限的过程的,这点我承认,但是比如 $\lim\limits_{n\to\infty} S_n = 1$,我们是怎样把一个一个的 $\frac{1}{2^n}$(本来是一次一折半地迭加上去的),"一下子"全部迭加到 S_n 中去了呢?我们不明白.

丙:我们不是"一个一个地把 $\frac{1}{2^n}$ 迭加上去"或"一次一折半"地去完成,而是通过按极限定义中,任意给定 $\varepsilon > 0$,而去寻求满足不等式的"大 N"的办法,一下子完成的,不是一种实际的操作,而是一种抽象思维的操作,或者说,我们是用实际上的 $\varepsilon - N$ 操作代替了"一下子把所有的 $\frac{1}{2^n}$ 都迭加上去"的思维操作.

这个讨论表明,像 $0.\dot{9} = 1$ 这样的等式,确是"精确的"等式. 而真正理解它,就要用一点辩证思维,因为"$n \to \infty$"这个无穷过程,与"一个一个的 n"有着本质的差别,由"一个一个的 n"过渡到无穷大,是要有一个质变的,不是形式逻辑的推理所能解决的. 这同由一个个具体的资料或特殊的命题而过渡到一般命题需要直觉一样.

由于有了"极限"这个工具,才给微积分奠定了坚实的基础,使得一大类极其重要的无限性问题得以数学地加以处理.

(3)集合法. 像我们用网兜兜排球,用篮子盛鸡蛋一样,对于以往"散放着"的无限(或有限)多的具有一定性质的数学对象用一个无形的"容器""装"起来,看成一个整体,这个整体也进一步作为数学的对象加以研究,这就形成"集合论". 集合论的创立,既为我们方便地处理许多无穷对象,如对

$$N, Z, Z^-, Q, Q^+, R, \overline{R^-}, C$$

等无穷数集的研究,带来了极大的方便,为精细地认识有限和无限创造了可能性,也惹出了一些令人头痛的"是非". 我们予以简单地说明.

①对"多、少"概念的剖析.

甲:有的杂志上说:"认为自然数比偶数多是不对的",我总觉得它的解释有些强词夺理.

乙:噢,我知道这种情况,同学们(或一般人)心目中"多少"的概念,有两种情况,其中的一种是"甲是乙的一部分,甲就比乙多",比如"台湾省的人口"是中国人口的一部分,那么台湾省人口不可能比中国人口多. 在"部分小于整体"的意义下,"自然数比偶数多"的说法是对的,因为

$$N_0 = \{2n \mid n \in N\} \subset N$$

但是,人们心目中"多少"概念,也可能同数数有关. 一个篮子里有 5 个鸡蛋,就是同集合 $\{1,2,3,4,5\}$ 建立了一一对应关系,凡是能同 $\{1,2,3,4,5\}$ 建立一一对应关系的集合,就认为元素是"一样多的",而能同 $\{1,2,\cdots,6\}$ 建立一一对应关系的,则认为元素个数

比前者多.

甲:那我就知道了,因为 N_0 可以与 $\mathbf{N}$ 建立一一对应关系: $y = 2x (x \in \mathbf{N}, y \in N_0)$.

N_0	2	4	6	8	10	…	$2x$	…
$\mathbf{N}$:	1	2	3	4	5	…	x	…

所以说 N_0 与 $\mathbf{N}$ 元素一样多.

乙:为了同在有限情形下相区别,我们不叫"一样多",而叫做"等势",把有限情形下的"个数",推广到无限情形下,就叫做"势".

这样一来,就把"无限集"与"有限集"的本质差别找出来了:无限集可以和它的某些真子集建立一一对应关系(即等势),有限集则办不到.

甲:那么,是不是所有无限集都是等势的呢?比如 $\mathbf{Q}, \mathbf{R}$?

乙:不是的,但可以证明: $\mathbf{Q}$ 与 $\mathbf{N}$ 等势.

甲:真是不可思议:有理数描在数轴上密密麻麻,在 $[0,1]$ 这区间就有无限多个,可 N 描在数轴上只是稀稀拉拉的.怎么可以证明呢?

乙:这个证明并不难,这是个在集合论历史上出了名的证法,可以叫做"对角线构造法",分三步进行:

ⅰ)我们只考虑 $\mathbf{Q}^+$,把 $\mathbf{Q}^+$ 中的元素排成如下数阵

$$\frac{1}{1} \quad \frac{1}{2} \quad \frac{1}{3} \quad \frac{1}{4} \quad \frac{1}{5} \quad \frac{1}{6} \quad \frac{1}{7} \quad \frac{1}{8} \quad \cdots$$

$$\frac{2}{1} \quad \frac{2}{2} \quad \frac{2}{3} \quad \frac{2}{4} \quad \frac{2}{5} \quad \frac{2}{6} \quad \frac{2}{7} \quad \frac{2}{8} \quad \cdots$$

$$\frac{3}{1} \quad \frac{3}{2} \quad \frac{3}{3} \quad \frac{3}{4} \quad \frac{3}{5} \quad \frac{3}{6} \quad \frac{3}{7} \quad \frac{3}{8} \quad \cdots$$

$$\frac{4}{1} \quad \frac{4}{2} \quad \frac{4}{3} \quad \frac{4}{4} \quad \frac{4}{5} \quad \frac{4}{6} \quad \frac{4}{7} \quad \frac{4}{8} \quad \cdots$$

$$\frac{5}{1} \quad \frac{5}{2} \quad \frac{5}{3} \quad \frac{5}{4} \quad \frac{5}{5} \quad \frac{5}{6} \quad \frac{5}{7} \quad \frac{5}{8} \quad \cdots$$

$$\frac{6}{1} \quad \frac{6}{2} \quad \frac{6}{3} \quad \frac{6}{4} \quad \frac{6}{5} \quad \frac{6}{6} \quad \frac{6}{7} \quad \frac{6}{8} \quad \cdots$$

$$\cdots$$

ⅱ)剔除非既约分数,重新排成如下数阵

$$1 \quad \frac{1}{2} \quad \frac{1}{3} \quad \frac{1}{4} \quad \frac{1}{5} \quad \frac{1}{6} \quad \frac{1}{7} \quad \frac{1}{8} \quad \cdots$$

$$2 \quad \frac{2}{3} \quad \frac{2}{5} \quad \frac{2}{7} \quad \frac{2}{9} \quad \frac{2}{11} \quad \frac{2}{13} \quad \frac{2}{15} \quad \cdots$$

$$3 \quad \frac{3}{2} \quad \frac{3}{4} \quad \frac{3}{5} \quad \frac{3}{7} \quad \frac{3}{8} \quad \frac{3}{10} \quad \frac{3}{11} \quad \cdots$$

$$4 \quad \frac{4}{3} \quad \frac{4}{5} \quad \frac{4}{7} \quad \frac{4}{9} \quad \frac{4}{11} \quad \frac{4}{13} \quad \frac{4}{15} \quad \cdots$$

$$5 \quad \frac{5}{2} \quad \frac{5}{3} \quad \frac{5}{4} \quad \frac{5}{6} \quad \frac{5}{7} \quad \frac{5}{8} \quad \frac{5}{9} \quad \cdots$$

$$6 \quad \frac{6}{5} \quad \frac{6}{7} \quad \frac{6}{11} \quad \frac{6}{13} \quad \frac{6}{17} \quad \frac{6}{19} \quad \frac{6}{23} \quad \cdots$$

$$\cdots$$

ⅲ)按从左下到右上的"对角线"的顺序,把它们排成一行

$$1, 2, \frac{1}{2}, 3, \frac{2}{3}, \frac{1}{3}, 4, \frac{3}{2}, \frac{2}{5}, \frac{1}{4}, 5, \cdots$$

然后从头编号,这就同 $\mathbf{N} = \{1, 2, 3, 4, \cdots\}$ 建立了一一对应关系.

甲:哦! 原来是这样. 那么我也可以对 $\mathbf{R}^+$ 中的数

原则与策略

"如法炮制"……

乙:当然可以,不过 $\mathbf{R}^+$ 中的无理数写不成分子分母都是整数的分数的形式,而只能用小数的形式(这将为我们造成可乘之机!)事实上,不必考虑整个 $\mathbf{R}^+$,而只须考虑区间 $(0,1)$ 中的数,这时,每个数都可写成一个无限的纯小数(如 $\frac{1}{2}$ 可写成 $0.5000\cdots$). 我们假定,$(0,1)$ 中的数已经排成了一列

$$\alpha_1, \alpha_2, \alpha_3, \cdots, \alpha_k, \cdots$$

现在我们来构造一个新的小数 a,采用"对角线法则":使得 a 的第 k 位小数与 α_k 的第 k 位小数不同($k=1,2,3,\cdots$;这总是办得到的). 这样,a 肯定与 α_1, $\alpha_2, \alpha_3, \cdots, \alpha_k, \cdots$ 中的任何一个都不相同,是 $(0,1)$ 中漏排的数,这与"$(0,1)$ 中的数已经排成一列"相矛盾. 因此 $(0,1)$ 中的数不可能与 $\mathbf{N}$ 建立一一对应,$\mathbf{R}^+$,$\mathbf{R}$ 更是如此.

如果把 $\mathbf{N}$ 的势叫"可数势"a,$\mathbf{R}$ 的势叫"连续统势"c,由于 $\mathbf{N} \subset \mathbf{R}$,则 c 比 a 级别更高. 于是,同为无限集,就又分出了级别. 这就出现了两个"麻烦事":一是在 a 和 c 之间是否存在一个不同于 a 和 c 的势呢? 二是还存在势比 c 更高的集合吗? 第一个问题叫做"康托连续统问题",1900 年希尔伯特把它列为自己的著名的 23 个"数学问题"之一,至今已近百年,研究虽有进展,但未有确切答案.

甲:第二个问题似乎是用"构造幂集"的方法解决的.

乙:是的,一个集合的子集可以构成新的集合,如集合 $\{a_1\}$ 的子集有两个 $\varnothing$ 和 $\{a_1\}$,它的幂集 $M_1 =$

$\{\varnothing,\{a_1\}\}$ 是 2 元集; $\{a_1,a_2\}$ 的子集有 4 个, 它的幂集 $M_2=\{\varnothing,\{a_1\},\{a_2\},\{a_1,a_2\}\}$ 是 4 元集, $\{a_1,a_2,a_3\}$ 的幂集 $M_3=\{\varnothing,\{a_1\},\{a_2\},\{a_3\},\{a_1,a_2\},\{a_1,a_3\},\{a_2,a_3\},\{a_1,a_2,a_3\}\}$ 是 8 元集. 读者不难证明, 一个 n 元集合 I_n 的幂集 $M_n=\{A\mid A\subseteq I_n\}$ 是 2^n 元的集合.

同样地, 一个无限集 A 的势若为 a, 则它的幂集 $M=\{B\mid B\subseteq A\}$ 的势为 2^a. 康托用反证法配合对角线法则, 证明了 2^a 是比 a 高级的势. 这就肯定地回答了第二个问题: 存在着势越来越高的集合的无穷系列.

甲: 这样的对"无限性"的精细刻画自然是很惬意的, 但是也惹出了意想不到的麻烦, 是吗?

② "悖论"难题.

乙: 是的, 正当人们乘着"集合论"的航船, 春风得意, 顺利地加固"数学基础"的时候, 一个意想不到的"麻烦"突然降临, 是为"第三次数学危机"(胡作玄先生还专门写了一本精彩的小书《第三次数学危机》来论及此事). 要弄清这到底是怎么回事, 还是先说说什么是"悖论".

甲: 就是一个自相矛盾的命题: 你说它真, 它就假; 你说它假, 它反而真. 可以举一个日常的例子: 我们抓小偷, 抓了个嫌疑犯, 我们审问他, 他哄了一通. 我们试图辨明真假, 就说: "你在撒谎!" 如他说: "我没有撒谎", 这在逻辑上没有问题. 但如果他说: "是的, 我现在在撒谎", 那么就形成一个悖论. 因为: 你若相信他这句话, 那就是承认他在撒谎, 他这句话就是假话; 反之, 你若不信这句话是真的, 就是认为他真在撒谎, 那么"我在撒谎"就是真的了. (用符号写出就是: "$P:P$

是假"若认为"P 真",即 P 真是假的即"P 假";若认为"P 假",即"P 是假"是假的,因此 P 真.)

这是日常语言中的悖论,只涉及简单的形式逻辑推理,已够让人吃惊的了. 可不知在集合论中出了什么悖论.

乙:这是数学家罗素发现的一个悖论,与幂集有关. 设 M 是不以自己为元素的集合所构成的集合
$$M = \{A | A \notin A\}$$
那么试问:"M 是否属于 M?"这就是个悖论. 因若认为 $M \in M$,则按定义,则 $M \notin M$;若认为 $M \notin M$,则按定义就有 $M \in M$. 总之,你说它黑,它就白,说它白,它就黑,左右不是. 这个小小的罗素悖论像十二级地震,惊动了整个数学界. 从此,数学基础学家们致力于补救数学的基础,使其能牢固;而逻辑学家们致力于"悖论"的研究,从中获取了丰富的思维珍品,使人类变得更清醒、更聪明. 比如,可参见杨熙龄先生著的《奇异的循环——逻辑悖论探析》一书,也可参阅"科学美国人"编辑部编著的《从惊讶到思考——数学悖论奇景》一书. 自然,单纯用形式逻辑去思考,是十分吃力的了.

4. 数学解题"策略"综观

80 年代以来,我国数学解题研究持续"火爆",研究成果很多. 就通常文献上见到的"策略",如

正难则反	引参求变	函数方法	方程思想
数形结合	构造方法	以退为进	映射化归
整体考虑	声东击西	各个击破	避实就虚

第 8 章 辩证思维策略

出奇制胜　温故知新　正反辉映　巧思妙解
偏题正做　见微知著　模块思维　逐步逼近

等等,总的印象是:虽然有的把"题目"比作战场之敌,用了不太恰当的术语,有的只有技巧的层次,有的略嫌空泛,但是其中也不乏达到数学思维策略和方法论层次的珍品,比如"映射化归"、"见微知著"等等,这我们在本书中已论述过了.

另一个印象是,这些"策略"大多可在波利亚的《解题表》中找到来源,找到原始的提法,因而是《解题表》的运用和发展. 这告诉我们一个重要的事实:波利亚的《解题表》,是我们研究数学解题策略的源泉,因为这表扎根于亿万师生、数学爱好者甚至著名数学家的解题实践,是大众智慧的结晶,是长期探索、反复挖掘而不竭不尽的金山银海. 只要我们肯于实践,认真思索,总会有所收获.

第三个印象是,这些所谓"解题策略",多具有辩证的性质,因这些四字诀大都涉及了一对相互矛盾的概念,如正难则反,温故知新,偏题正做,见微知著等,所以它们实质上也都是辩证的策略. 在这个意义上可以把它们统一起来.

第四个印象就是它们有"大"有"小",有的是在数学历史上曾发挥过重要作用的大策,有的则适用于个人日常的解题思维,但大多可兼而用之,如"正难则反",曾"指挥过"几何作图三大不能问题的(反面)解决,推动过罗巴切夫斯基几何的诞生. 而且,它在日常解题中,也有广泛的应用. 我们看一个小题:

求证:若三点共线,就不存在过这三点的圆.

直接证明"不存在",往往很难,因而往往采用反

原则与策略

证法:设 A,B,C 三点共线,且有 $\odot O$ 过这三点(如图66),则 $OA=OB=OC$,则一方面,$\angle 1=\angle 2=\angle 3$,另一方面,$\angle 1$ 作为 $\triangle OBC$ 的外角,$\angle 1>\angle 3$,与 $\angle 1=\angle 3$ 矛盾.所以 A,B,C 点既共线,就不可能共圆.

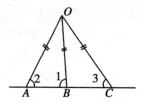

图 66

下面,我们通过一个人尽皆知(与徐迟先生所写的《哥德巴赫猜想》的广泛流传有关)的事例,来说明"退一步想"(或"以退为进")这一思维策略的应用:

1742年,德国数学家哥德巴赫给瑞士数学家欧拉写了一封信,提出自己相信其正确但不能证明的命题:

(A)每个大于或等于6的偶数,都可表成两个奇素数之和;

(B)每个大于或等于9的奇数,都可表示为3个奇素数的和.

显然,(A)$\Rightarrow$(B)(请读者动手证明),因此,欧拉着重去证(A).但证来证去证不出,可有人对直到 33×10^6 的偶数加以验证,都是对的.整个18,19世纪过去了,成百上千的人琢磨它,思索它,可终于无所作为!

问题(A)表述平易近人,小学生都能懂,可是却很难解,故而人们誉之曰哥德巴赫猜想,成为世界著名的数学难题之一.

直到1912年,数学家朗道终于想出了一个较弱的命题:

第 8 章　辩证思维策略

(C) 存在一个正整数 n, 使得每个 $\geqslant 2$ 的偶数, 都可表示为不超过 n 个素数的和.

(显然, (A) $\Rightarrow$ (C), 请自证.)

并声言: 不要说证哥德巴赫猜想, 就是要证明 (C), 也是当代数学家力所不能及的. 朗道的激将法终见成效: (C) 于 1930 年被解决, 这使 (A) 增加了可靠性. 1937 年, 苏联数学家维诺格拉多夫利用指数和估计, 证明了命题 (B), 继之, 1938 年中国数学家华罗庚证明了命题:

(D) 几乎所有的偶数都可表示为两个奇素数之和.

为了最终攻克命题 (A), 数学家们采用了"退一步想"的策略; 提出一个系列命题:

(E) 设 $a, b \in \mathbf{N}, p_a, p_b$ 分别表示不超过 a 个和 b 个素数的乘积(p_a, p_b 叫做殆素数), 则对任何大于 4 的偶数 N, 有 $N = p_a + p_b$. 命题 (E) 简记为 $a+b$, 则显然, 命题 (A) 就是 $1+1$.

于是, 20 世纪关于哥德巴赫猜想的证明, 其进展可综述如下:

1920 年布朗(挪威)证明了 $9+9$.

1924 年拉德马赫尔证明了 $7+7$.

1932 年爱斯特曼证明了 $6+6$.

1937 年黎次证明了 $5+7, 4+9, 3+15, 2+366$.

1938 年布赫夕塔布证明了 $5+5$.

1939—1940 年塔塔柯夫斯基与布赫夕塔布证明了 $4+4$.

1941 年库汉证明了 $a+b (a+b \leqslant 6)$.

1948 年瑞尼证明了 $1+a$.

原则与策略

  1956 年王元证明了 3+4.
  1957 年小维诺格拉多夫证明了 3+3.
  1957 年,王元证明了 $2+3, a+b(a+b\leq 5)$.
  1962 年潘承洞与巴尔巴恩证明了 1+5.
  1963 年潘承洞、王元、巴尔巴恩证明了 1+4.
  1965 年布赫斯塔勃,维诺格拉多夫,朋比利证明了 1+3.
  1966 年,陈景润证明了 1+2(1973 年发表).
  陈景润登上了哥德巴赫猜想研究的世界高峰,这结果被命名为陈氏定理.
  现在,问题剩下了艰难的最后一步! 又几十年过去了,研究进展不大.究竟鹿死谁手,尚难预料.
  你看,"退一步想",打破了"欲进不能"的僵局,取得了那么巨大的成功!

编辑手记

  本书的作者是一位年近八旬的老者,一生痴迷于初等数学研究.这样的人生选择,不禁让人想起美国诗人弗罗斯特的那首著名的诗歌《未选择的路》,在诗中,弗罗斯特这样写道:

> 黄色的树林里分出两条路,
> 可惜我不能同时去涉足,
> 我在那路口久久伫立,
> 我向着一条路极目望去,
> 直到它消失在丛林深处.
> 但我却选了另外一条路,
> 它荒草萋萋,十分幽寂,
> 显得更诱人,更美丽;
> 虽然在这条小路上,
> 很少留下旅人的足迹.

原则与策略

> 那天清晨落叶满地,
> 两条路都未经脚印污染.
> 啊,留下一条路等改日再见!
> 但我知道路径延绵无尽头,
> 恐怕我难以再回返.
> 也许多少年后在某个地方,
> 我将轻声叹息将往事回顾:
> 一片树林里分出两条路——
> 而我选择了人迹更少的一条,
> 从此决定了我一生的道路.

是的人生只有一次,究竟应该怎样渡过这看似漫长实则短暂的一生,本质上是一个选择的问题.是选择钟鸣鼎食,飞黄腾达,还是选择青灯黄卷,潜心学术,这是一种人生智慧.智德在评介叶辉《香港文学评论精选——新诗地图私绘本》时曾这样说:"香港新诗不论在任何时代,都拥有最多最无名的诗人,或者说在香港写诗,就几乎自动成为无名诗人."

在内地搞初等数学研究的人命运与香港诗人一样,只要一动笔便自动成为无名作者被除自己外的所有人遗忘.初等数学研究会号称有2万多名会员,但在全国名气很小,杨老先生作为前会长也少被圈外人知晓.用经济学的角度看这里头有一个机会成本问题.如果你选择了初等数学研究就注定与升官发财、出人头地无缘了,所以这一行中大多是"淡定叔"与"淡定哥".人生的定位其实与企业定位一样,十分困难却十分重要.而且选择的是否正确要多年之后才见分晓,不过那时一切已成定局.以大家都感兴趣的企业为例,定

编辑手记

位问题也是一个企业的关键问题.最早由美国人杰克·特劳特(Jack Trout)在40多年前提出,定位准确这是一个成功企业的必要条件,有之未必行,无之必不行.一个案例是在2008年金融风暴中险些破产的美国国际集团(AIG)就是没有听从特劳特的建议将自己定位成"美国劳合社"(劳合社(Lloyd's)是英国最大的保险组织,也是世界最大的保险交易市场),而是试图为所有客户提供所有产品——这是定位理论的大忌,从此埋下祸根.

除了目标笃定,内心淡定之外,杨老的另一个品质是"认真".

中国第一个拿到哈佛大学经济学博士的张培刚先生曾写过一副对联,展示了自己微妙的处世哲学"认真,但不能太认真,应适时而止;看透,岂可以全看透,要有所作为".但对杨老来说,优点是认真,"缺点"是太认真,本书中的很多成果已经研究出来很多年了,但却是第一次整理出版.大有"十年磨一剑"之势,这其中既反映出目前出版的不畅,同时也体现了杨老一丝不苟、认真细致的治学态度.并且我们可以从中发现身处其中的杨老的幸福感.

德国古典哲学家费尔巴哈说:"一切健全的追求都是对于幸福的追求."

当今社会物质丰富,精神匮乏,在一心追逐财富的道路上全力飞奔的人们终于在精疲力尽之后猛然发现美感的丢失和幸福感的下降.灯红酒绿,纸醉金迷之中人们恍惚还记得曾经有过的恬淡之美、研究之美、专注之美、抽象之美,一个健全的社会,一个洋溢着幸福的社会,一定是一个充满着多样性的社会.

原则与策略

马尔库塞在《单向度的人》中说,发达工业社会成功地压制了人们内心的否定性、批判性、超越性的向度,使社会成为单向度的社会,而生活于其中的人成了单向度的人,这种人丧失了自由和创造力,不再想象或追求与现实生活不同的另一种生活.

杨老既是一位高尚的、纯粹的、脱离了低级趣味的人同时又是充满了人生乐趣,找到了一生挚爱的人.

杨老的这部作品可概括为"数中之型,型中之数",北京大学江泽涵教授有一句学习数学的箴言,叫不能"得意忘形",此处的"意"是指数式推导,"形"则是指几何形象,用于评价本书再恰当不过,这本书套用一句官话叫"既有深远的历史意义又有眼前的现实意义". 先说现实意义. 一方面教育界对试题创新有着不可遏制的热情,另一方面各地高考自主命题,各名牌大学招生联盟的自主招生命题对创新型试题有海量需求. 这本充满原创的著作自然会成为源泉之一. 再谈历史意义:

2006年,前美联储理事,哥伦比亚大学教授米什金收了冰岛商务部17万美元,替其撰写了一篇《论冰岛金融的稳定性》,然而不出几年,冰岛政府宣布破产. 于是,他便在自己简历里将这一著作改成了《论冰岛金融的不稳定性》.

一切社会科学包括貌似严谨的经济学、金融学都逃脱不了朝秦暮楚式的变来变去,这个时候以超稳定著称的数学便可流芳千古了,但这部书绝不会成为畅销书.

旅居美国60年的文学评论家董鼎山曾发现了一个有趣的现象:连畅销书也不一定有读者,他举例芝加

编辑手记

哥大学的哲学教授亚伦·布鲁姆 1987 年写的《美国思想的封锁》,布鲁姆凭借此书扬名世界,但此书虽畅销国际,但真正读完者却不多.

董鼎山把这种现象归于知识分子读者群(有异于一般读者)对自我形象的抬举. 他们购了书在书架上炫耀,却没有时间或耐心通读一本深奥的名著.

这部书也绝不是迎合读者的"媚俗之作".

台湾著名舞台剧导演赖声川认为,如何准确猜测市场其实是最大的陷阱,创作者内心的那个东西反而是最重要的,"你来看我的戏,并没事先说你要看什么,而是我给你看什么,两者的关系是反过来的."

这部书就像一座初等数学研究的山峰,不论你读与不读,它都在那里!

刘培杰
2012 年 9 月 20 日
于哈工大

哈尔滨工业大学出版社刘培杰数学工作室已出版(即将出版)图书目录

书 名	出版时间	定 价	编号
新编中学数学解题方法全书(高中版)上卷	2007—09	38.00	7
新编中学数学解题方法全书(高中版)中卷	2007—09	48.00	8
新编中学数学解题方法全书(高中版)下卷(一)	2007—09	42.00	17
新编中学数学解题方法全书(高中版)下卷(二)	2007—09	38.00	18
新编中学数学解题方法全书(高中版)下卷(三)	2010—06	58.00	73
新编中学数学解题方法全书(初中版)上卷	2008—01	28.00	29
新编中学数学解题方法全书(初中版)中卷	2010—07	38.00	75
新编平面解析几何解题方法全书(专题讲座卷)	2010—01	18.00	61
数学眼光透视	2008—01	38.00	24
数学思想领悟	2008—01	38.00	25
数学应用展观	2008—01	38.00	26
数学建模导引	2008—01	28.00	23
数学方法溯源	2008—01	38.00	27
数学史话览胜	2008—01	28.00	28
从毕达哥拉斯到怀尔斯	2007—10	48.00	9
从迪利克雷到维斯卡尔迪	2008—01	48.00	21
从哥德巴赫到陈景润	2008—05	98.00	35
从庞加莱到佩雷尔曼	2011—08	138.00	136
从比勃巴赫到德·布朗斯	即将出版		
数学解题中的物理方法	2011—06	28.00	114
数学解题的特殊方法	2011—06	48.00	115
中学数学计算技巧	2012—01	48.00	116
三角形中的角格点问题	2013—01	88.00	207
中学数学证明方法	2012—01	58.00	117
数学趣题巧解	2012—03	28.00	128
含参数的方程和不等式	2012—09	28.00	213
数学奥林匹克与数学文化(第一辑)	2006—05	48.00	4
数学奥林匹克与数学文化(第二辑)(竞赛卷)	2008—01	48.00	19
数学奥林匹克与数学文化(第二辑)(文化卷)	2008—07	58.00	34
数学奥林匹克与数学文化(第三辑)(竞赛卷)	2010—01	48.00	59
数学奥林匹克与数学文化(第四辑)(竞赛卷)	2011—08	58.00	87

哈尔滨工业大学出版社刘培杰数学工作室
已出版(即将出版)图书目录

书 名	出版时间	定 价	编号
发展空间想象力	2010—01	38.00	57
走向国际数学奥林匹克的平面几何试题诠释(上、下)(第1版)	2007—01	68.00	11,12
走向国际数学奥林匹克的平面几何试题诠释(上、下)(第2版)	2010—02	98.00	63,64
平面几何证明方法全书	2007—08	35.00	1
平面几何证明方法全书习题解答(第1版)	2005—10	18.00	2
平面几何证明方法全书习题解答(第2版)	2006—12	18.00	10
平面几何天天练上卷·基础篇(直线型)	2013—01	58.00	208
平面几何天天练中卷·基础篇(涉及圆)	2013—01	28.00	234
平面几何天天练下卷·提高篇	2013—01	58.00	237
最新世界各国数学奥林匹克中的平面几何试题	2007—09	38.00	14
数学竞赛平面几何典型题及新颖解	2010—07	48.00	74
初等数学复习及研究(平面几何)	2008—09	58.00	38
初等数学复习及研究(立体几何)	2010—06	38.00	71
初等数学复习及研究(平面几何)习题解答	2009—01	48.00	42
世界著名平面几何经典著作钩沉——几何作图专题卷(上)	2009—06	48.00	49
世界著名平面几何经典著作钩沉——几何作图专题卷(下)	2011—01	88.00	80
世界著名平面几何经典著作钩沉(民国平面几何老课本)	2011—03	38.00	113
世界著名数论经典著作钩沉(算术卷)	2012—01	28.00	125
世界著名数学经典著作钩沉——立体几何卷	2011—02	28.00	88
世界著名三角学经典著作钩沉(平面三角卷Ⅰ)	2010—06	28.00	69
世界著名三角学经典著作钩沉(平面三角卷Ⅱ)	2011—01	28.00	78
世界著名初等数论经典著作钩沉(理论和实用算术卷)	2011—07	38.00	126
几何学教程(平面几何卷)	2011—03	68.00	90
几何学教程(立体几何卷)	2011—07	68.00	130
几何变换与几何证题	2010—06	88.00	70
几何瑰宝——平面几何500名题暨1000条定理(上、下)	2010—07	138.00	76,77
三角形的解法与应用	2012—07	18.00	183
近代的三角形几何学	2012—07	48.00	184
一般折线几何学	即将出版	58.00	203
三角形的五心	2009—06	28.00	51
三角形趣谈	2012—08	28.00	212
俄罗斯平面几何问题集	2009—08	88.00	55
俄罗斯平面几何5000题	2011—03	58.00	89
俄罗斯初等数学万题选——三角卷	2012—11	38.00	222
计算方法与几何证题	2011—06	28.00	129

哈尔滨工业大学出版社刘培杰数学工作室
已出版（即将出版）图书目录

书　名	出版时间	定价	编号
463个俄罗斯几何老问题	2012—01	28.00	152
近代欧氏几何学	2012—03	48.00	162
罗巴切夫斯基几何学及几何基础概要	2012—07	28.00	188
超越吉米多维奇——数列的极限	2009—11	48.00	58
Barban Davenport Halberstam均值和	2009—01	40.00	33
初等数论难题集（第一卷）	2009—05	68.00	44
初等数论难题集（第二卷）（上、下）	2011—02	128.00	82,83
谈谈素数	2011—03	18.00	91
平方和	2011—03	18.00	92
数论概貌	2011—03	18.00	93
代数数论	2011—03	48.00	94
初等数论的知识与问题	2011—02	28.00	95
超越数论基础	2011—03	28.00	96
数论初等教程	2011—03	28.00	97
数论基础	2011—03	18.00	98
解析数论基础	2012—08	28.00	216
数论入门	2011—03	38.00	99
数论开篇	2012—07	28.00	194
解析数论引论	2011—03	48.00	100
无穷分析引论（下）	2013—03	98.00	245
数学分析中的一个新方法及其应用	2013—01	38.00	231
数学分析例选：通过范例学技巧	2013—01	88.00	243
三角级数论（上册）	2013—01	38.00	232
三角级数论（下册）	2013—01	48.00	233
基础数论	2011—03	28.00	101
超越数	2011—03	18.00	109
三角和方法	2011—03	18.00	112
谈谈不定方程	2011—05	28.00	119
整数论	2011—05	38.00	120
随机过程（Ⅰ）	2012—12	78.00	224
随机过程（Ⅱ）	2013—01	68.00	235
整数的性质	2012—11	38.00	192
初等数论100例	2011—05	18.00	122
初等数论经典例题	2012—07	18.00	204
最新世界各国数学奥林匹克中的初等数论试题（上、下）	2012—01	138.00	144,145
算术探索	2011—12	158.00	148

哈尔滨工业大学出版社刘培杰数学工作室
已出版(即将出版)图书目录

书　　名	出版时间	定　价	编号
初等数论(Ⅰ)	2012—01	18.00	156
初等数论(Ⅱ)	2012—01	18.00	157
初等数论(Ⅲ)	2012—01	28.00	158
组合数学浅谈	2012—03	28.00	159
同余理论	2012—05	38.00	163
丢番图方程引论	2012—03	48.00	172
平面几何与数论中未解决的新老问题	2013—01	68.00	229
历届IMO试题集(1959—2005)	2006—05	58.00	5
历届CMO试题集	2008—09	28.00	40
历届加拿大数学奥林匹克试题集	2012—08	38.00	215
历届美国数学奥林匹克试题集:多解推广加强	2012—08	38.00	209
历届国际大学生数学竞赛试题集(1994—2010)	2012—01	28.00	143
全国大学生数学夏令营数学竞赛试题及解答	2007—03	28.00	15
全国大学生数学竞赛辅导教程	2012—07	28.00	189
历届美国大学生数学竞赛试题集	2009—03	88.00	43
前苏联大学生数学奥林匹克竞赛题解(上编)	2012—04	28.00	169
前苏联大学生数学奥林匹克竞赛题解(下编)	2012—04	38.00	170
整函数	2012—08	18.00	161
俄罗斯初等数学问题集	2012—05	38.00	177
俄罗斯函数问题集	2011—03	38.00	103
俄罗斯组合分析问题集	2011—01	48.00	79
博弈论精粹	2008—03	58.00	30
多项式和无理数	2008—01	68.00	22
模糊数据统计学	2008—03	48.00	31
模糊分析学与特殊泛函空间	2013—01	68.00	241
受控理论与解析不等式	2012—05	78.00	165
解析不等式新论	2009—06	68.00	48
反问题的计算方法及应用	2011—11	28.00	147
建立不等式的方法	2011—03	98.00	104
数学奥林匹克不等式研究	2009—08	68.00	56
不等式研究(第二辑)	2012—02	68.00	153
初等数学研究(Ⅰ)	2008—09	68.00	37
初等数学研究(Ⅱ)(上、下)	2009—05	118.00	46,47
中国初等数学研究　2009卷(第1辑)	2009—05	20.00	45
中国初等数学研究　2010卷(第2辑)	2010—05	30.00	68
中国初等数学研究　2011卷(第3辑)	2011—07	60.00	127
中国初等数学研究　2012卷(第4辑)	2012—07	48.00	190

哈尔滨工业大学出版社刘培杰数学工作室
已出版(即将出版)图书目录

书　　名	出版时间	定　价	编号
数阵及其应用	2012—02	28.00	164
绝对值方程—折边与组合图形的解析研究	2012—07	48.00	186
不等式的秘密(第一卷)	2012—02	28.00	154
初等不等式的证明方法	2010—06	38.00	123
数学奥林匹克不等式散论	2010—06	38.00	124
数学奥林匹克不等式欣赏	2011—09	38.00	138
数学奥林匹克超级题库(初中卷上)	2010—01	58.00	66
数学奥林匹克不等式证明方法和技巧(上、下)	2011—08	158.00	134,135
近代拓扑学研究	2013—01	28.00	239
500个最新世界著名数学智力趣题	2008—06	48.00	3
新编640个世界著名数学智力趣题	2013—02	88.00	242
400个最新世界著名数学最值问题	2008—09	48.00	36
500个世界著名数学征解问题	2009—06	48.00	52
400个中国最佳初等数学征解老问题	2010—01	48.00	60
500个俄罗斯数学经典老题	2011—01	28.00	81
1000个国外中学物理好题	2012—04	48.00	174
300个日本高考数学题	2012—05	38.00	142
500个前苏联早期高考数学试题及解答	2012—05	28.00	185
数学 我爱你	2008—01	28.00	20
精神的圣徒 别样的人生——60位中国数学家成长的历程	2008—09	48.00	39
数学史概论	2009—06	78.00	50
斐波那契数列	2010—02	28.00	65
数学拼盘和斐波那契魔方	2010—07	38.00	72
斐波那契数列欣赏	2011—01	28.00	160
数学的创造	2011—02	48.00	85
数学中的美	2011—02	38.00	84
最新全国及各省市高考数学试卷解法研究及点拨评析	2009—02	38.00	41
高考数学的理论与实践	2009—08	38.00	53
中考数学专题总复习	2007—04	28.00	6
向量法巧解数学高考题	2009—08	28.00	54
新编中学数学解题方法全书(高考复习卷)	2010—01	48.00	67
新编中学数学解题方法全书(高考真题卷)	2010—01	38.00	62
新编中学数学解题方法全书(高考精华卷)	2011—03	68.00	118

哈尔滨工业大学出版社刘培杰数学工作室
已出版（即将出版）图书目录

书　名	出版时间	定　价	编号
高考数学核心题型解题方法与技巧	2010—01	28.00	86
数学解题——靠数学思想给力（上）	2011—07	38.00	131
数学解题——靠数学思想给力（中）	2011—07	48.00	132
数学解题——靠数学思想给力（下）	2011—07	38.00	133
我怎样解题	2013—01	48.00	227
2011年全国及各省市高考数学试题审题要津与解法研究	2011—10	48.00	139
新课标高考数学——五年试题分章详解（2007～2011）（上、下）	2011—10	78.00	140,141
30分钟拿下高考数学选择题、填空题	2012—01	48.00	146
高考数学压轴题解题诀窍（上）	2012—02	78.00	166
高考数学压轴题解题诀窍（下）	2012—03	28.00	167
格点和面积	2012—07	18.00	191
射影几何趣谈	2012—04	28.00	175
斯潘纳尔引理——从一道加拿大数学奥林匹克试题谈起	2012—12	18.00	228
李普希兹条件——从几道近年高考数学试题谈起	2012—10	18.00	221
拉格朗日中值定理——从一道北京高考试题的解法谈起	2012—10	18.00	197
闵科夫斯基定理——从一道清华大学自主招生试题谈起	2012—10	18.00	198
哈尔测度——从一道冬令营试题的背景谈起	2012—08	28.00	202
切比雪夫逼近问题——从一道中国台北数学奥林匹克试题谈起	2013—04	38.00	238
伯恩斯坦多项式与贝齐尔曲面——从一道全国高中数学联赛试题谈起	2013—03	38.00	236
卡塔兰猜想——从一道普特南竞赛试题谈起	即将出版		
麦卡锡函数和阿克曼函数——从一道前南斯拉夫数学奥林匹克试题谈起	2012—08	18.00	201
贝蒂定理与拉姆贝克莫斯尔定理——从一个拣石子游戏谈起	2012—08	18.00	217
皮亚诺曲线和豪斯道夫分球定理——从无限集谈起	2012—08	18.00	211
平面凸图形与凸多面体	2012—10	28.00	218
斯坦因豪斯问题——从一道二十五省市自治区中学数学竞赛试题谈起	2012—07	18.00	196
纽结理论中的亚历山大多项式与琼斯多项式——从一道北京市高一数学竞赛试题谈起	2012—07	28.00	195
原则与策略——从波利亚"解题表"谈起	2013—04	38.00	244
转化与化归——从三大尺规作图不能问题谈起	2012—08	28.00	214

哈尔滨工业大学出版社刘培杰数学工作室 已出版(即将出版)图书目录

书 名	出版时间	定 价	编号
代数几何中的贝祖定理——从一道IMO试题的解法谈起	2012—07	18.00	193
成功连贯理论与约当块理论——从一道比利时数学竞赛试题谈起	2012—04	18.00	180
磨光变换与范·德·瓦尔登猜想——从一道环球城市竞赛试题谈起	即将出版		
素数判定与大数分解	2012—08	18.00	199
置换多项式及其应用	2012—10	18.00	220
许瓦兹引理——从一道西德1981年数学奥林匹克试题谈起	即将出版		
椭圆函数与模函数——从一道美国加州大学洛杉矶分校(UCLA)博士资格考题谈起	2012—10	38.00	219
差分方程的拉格朗日方法——从一道2011年全国高考理科试题的解法谈起	2012—08	28.00	200
拉姆塞定理——从王诗宬院士的一个问题谈起	即将出版		
力学在几何中的一些应用	2013—01	38.00	240
高斯散度定理、斯托克斯定理和平面格林定理——从一道国际大学生数学竞赛试题谈起	即将出版		
康托洛维奇不等式——从一道全国高中联赛试题谈起	即将出版		
西格尔引理——从一道第18届IMO试题的解法谈起	即将出版		
罗斯定理——从一道前苏联数学竞赛试题谈起	即将出版		
拉克斯定理和阿廷定理——从一道IMO试题的解法谈起	2013—04	58.00	246
毕卡大定理——从一道美国大学数学竞赛试题谈起	即将出版		
贝齐尔曲线——从一道全国高中联赛试题谈起	即将出版		
拉格朗日乘子定理——从一道2005年全国高中联赛试题谈起	即将出版		
雅可比定理——从一道2005年全国高中联赛试题谈起	即将出版		
李天岩-约克定理——从一道波兰数学竞赛试题谈起	即将出版		
整系数多项式因式分解的一般方法——从克朗耐克算法谈起	即将出版		
布劳维不动点定理——从一道美国数学奥林匹克试题谈起	即将出版		
压缩不动点定理——从一道高考数学试题的解法谈起	即将出版		
伯恩赛德定理——从一道英国数学奥林匹克试题谈起	即将出版		
布查特-莫斯特定理——从一道上海市初中竞赛试题谈起	即将出版		
数论中的同余数问题——从一道普特南竞赛试题谈起	即将出版		
范·德蒙行列式——从一道美国数学奥林匹克试题谈起	即将出版		

哈尔滨工业大学出版社刘培杰数学工作室
已出版(即将出版)图书目录

书　名	出版时间	定　价	编号
中国剩余定理——从一道美国数学奥林匹克试题的解法谈起	即将出版		
牛顿程序与方程求根——从一道全国高考试题解法谈起	即将出版		
库默尔定理——从一道IMO预选试题谈起	即将出版		
卢丁定理——从一道冬令营试题的解法谈起	即将出版		
沃斯滕霍姆定理——从一道IMO预选试题谈起	即将出版		
卡尔松不等式——从一道莫斯科数学奥林匹克试题谈起	即将出版		
信息论中的香农熵——从一道近年高考压轴题谈起	即将出版		
约当不等式——从一道希望杯竞赛试题谈起	即将出版		
拉比诺维奇定理	即将出版		
刘维尔定理——从一道《美国数学月刊》征解问题的解法谈起	即将出版		
卡塔兰恒等式与级数求和——从一道IMO试题的解法谈起	即将出版		
勒让德猜想与素数分布——从一道爱尔兰竞赛试题谈起	即将出版		
天平称重与信息论——从一道基辅市数学奥林匹克试题谈起	即将出版		
艾思特曼定理——从一道CMO试题的解法谈起	即将出版		
一个爱尔特希问题——从一道西德数学奥林匹克试题谈起	即将出版		
有限群中的爱丁格尔问题——从一道北京市初中二年级数学竞赛试题谈起	即将出版		
贝克码与编码理论——从一道全国高中联赛试题谈起	即将出版		
中等数学英语阅读文选	2006—12	38.00	13
统计学专业英语	2007—03	28.00	16
统计学专业英语(第二版)	2012—07	48.00	176
幻方和魔方(第一卷)	2012—05	68.00	173
尘封的经典——初等数学经典文献选读(第一卷)	2012—07	48.00	205
尘封的经典——初等数学经典文献选读(第二卷)	2012—07	38.00	206
实变函数论	2012—06	78.00	181
非光滑优化及其变分分析	2013—01	48.00	230
初等微分拓扑学	2012—07	18.00	182
方程式论	2011—03	38.00	105
初级方程式论	2011—03	28.00	106
Galois 理论	2011—03	18.00	107
古典数学难题与伽罗瓦理论	2012—11	58.00	223
代数方程的根式解及伽罗瓦理论	2011—03	28.00	108

哈尔滨工业大学出版社刘培杰数学工作室 已出版(即将出版)图书目录

书 名	出版时间	定 价	编号
线性偏微分方程讲义	2011—03	18.00	110
N体问题的周期解	2011—03	28.00	111
代数方程式论	2011—05	28.00	121
动力系统的不变量与函数方程	2011—07	48.00	137
基于短语评价的翻译知识获取	2012—02	48.00	168
应用随机过程	2012—04	48.00	187
闵嗣鹤文集	2011—03	98.00	102
吴从炘数学活动三十年(1951~1980)	2010—07	99.00	32
吴振奎高等数学解题真经(概率统计卷)	2012—01	38.00	149
吴振奎高等数学解题真经(微积分卷)	2012—01	68.00	150
吴振奎高等数学解题真经(线性代数卷)	2012—01	58.00	151
钱昌本教你快乐学数学(上)	2011—12	48.00	155
钱昌本教你快乐学数学(下)	2012—03	58.00	171

联系地址:哈尔滨市南岗区复华四道街10号 哈尔滨工业大学出版社刘培杰数学工作室
网 址:http://lpj.hit.edu.cn/
邮 编:150006
联系电话:0451—86281378 13904613167
E-mail:lpj1378@yahoo.com.cn